D1671370

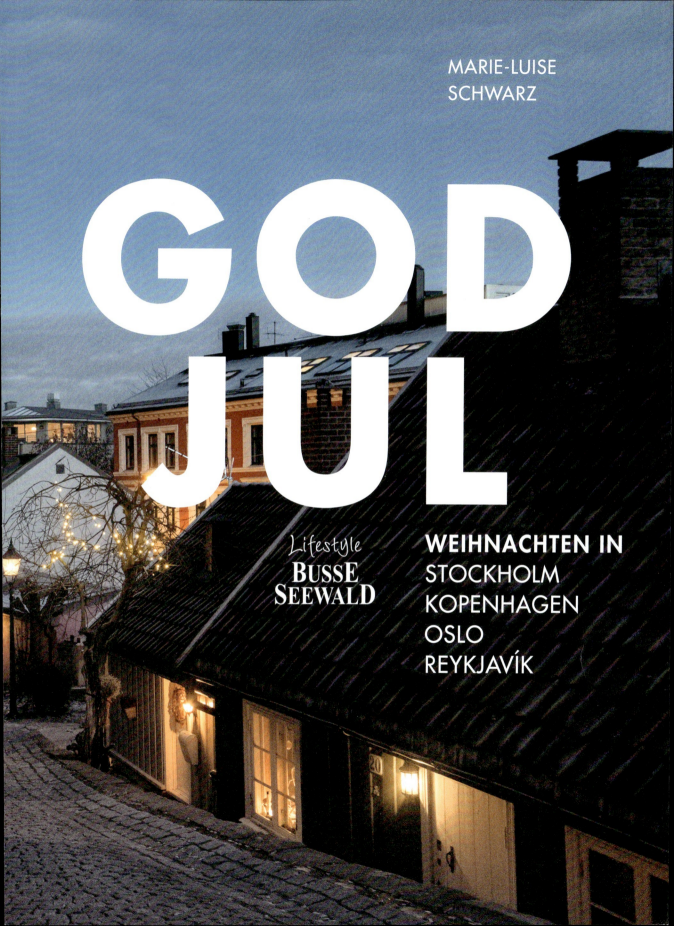

INHALT

STOCKHOLM 10
KOPENHAGEN 50
OSLO 90
REYKJAVÍK 130
WEIHNACHTS-BRÄUCHE – LUCIA, JULEMAND & JÓLASVEINAR 164

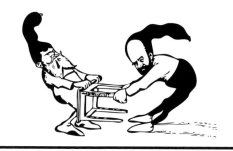

God Jul & Gott Nytt År

Julstängt 24/12 - 9/1
Öppnar igen 10/1 kl. 8

Varmt välkomna
Hector, Michaela, Bea &

»NU TÄNDAS TUSEN JULELJUS PÅ JORDENS MÖRKA RUND.«*

Lichterfest im Winterdunkel

Jul – was im Altnordischen einst allgemein für ein Festmahl stand, ist seit vielen Jahrhunderten das skandinavische Wort für das christliche Weihnachtsfest. »God Jul« wünscht man sich in Schweden und Norwegen, »Glædelig Jul« in Dänemark und »Gleðileg Jól« heißt es auf Island. Wir laden Sie zu einem (vor-)weihnachtlichen Stadtbummel in den vier nordischen Hauptstädten ein und wollen Ihnen mit stimmungsvollen Bildern und Texten sowie leckeren Rezepten das besondere skandinavische Weihnachtsgefühl vermitteln. Frohe Weihnachten! – God Jul!

»Nun zünden wir tausend Weihnachtskerzen an, rundum in dunkler Welt.«*

*»Nu tändas tusen juleljus på jordens mörka rund.«
Dieses traditionelle schwedische Weihnachtslied und viele andere findet man unter http://www.julsånger.se

BRÜCKENSCHLAG ZWISCHEN TRADITION UND MODERNE

Sich auf den Weg zu machen, ist eine uralte Tradition im vorweihnachtlichen Advent. Überall in Skandinavien verbinden markante Brückenbauwerke Ziele, die früher durch Wasser getrennt waren. Auf den folgenden Stadtspaziergängen bummeln wir über Brücken, die viele Geschichten erzählen können und entdecken spannende Kontraste zwischen alten Traditionen und modernem Stadtleben.

Das »Venedig des Nordens« im Winterlicht

HOLM

Auf 14 Inseln breitet sich die schwedische Hauptstadt zwischen Ostsee und dem Mälaren-See aus. Seine mehr als 700 Jahre alte Kulturgeschichte und die faszinierende Natur machen Stockholm so attraktiv. Den Stadtinseln vorgelagert erstreckt sich ein riesiges Inselparadies, die Stockholmer Schären. Sie sind mit gemütlichen Dampfern erreichbar, die am *Strömkajen* ablegen. Einen ganz besonderen Reiz übt Stockholm in der Adventszeit aus, wenn Häuser und Schaufenster mit den typischen Lichtertreppen weihnachtlich geschmückt sind, und ein imposanter Tannenbaum am Kai errichtet wird. Wir beginnen unseren Spaziergang von der Innenstadt aus Richtung *Gamla Stan*, der historischen Altstadt, die sich hinter dem Königlichen Schloss erstreckt.

STOCKHOLM – GAMLA STAN

GAMLA STAN

IM MITTELALTERLICHEN STADTKERN LEBT DIE VERGANGENHEIT.
Hinter dem Königlichen Schloss spazieren wir meist auf Kopfsteinpflaster über die Altstadtinsel *Gamla Stan*. Beim Bummel durch die verwinkelten Gassen entdeckt man die jahrhundertealte Geschichte der Stadt. Mit etwas Glück kann man sich in der sehenswerten Deutschen Kirche *(Tyska kyrkan)*, die im 17. Jahrhundert von deutschen Kaufleuten errichtet wurde, mit schwedischen Adventsliedern einstimmen lassen. Schmiedeeiserne Ladenschilder machen auf die weihnachtlichen Angebote in den Boutiquen, Antiquitätenläden und den Designshops aufmerksam. Erlesenes Kunsthandwerk aus Wolle, Leder, Keramik und Glas findet man bei *Castor* auf der *Österlånggatan*, originelle Wichtel und Zwerge mit langen weißen Bärten und roten Zipfelmützen bei *Tomtar & Troll* hinter dem *Stortorget*.

Castor, Österlånggatan 27,
www.castorkonsthantverk.wordpress.com/
Tomtar & Troll, Tyska brinken 20,
www.tomtar.se/

DREI PFEFFERKUCHEN-MÄNNCHEN

Vi komma, vi komma från
Pepparkakeland
och vägen vi vandrat tillsammans
hand i hand.
Så bruna, så bruna vi äro alla tre,
korinter till ögon och hattarna på sne'.
Tre gubbar, tre gubbar från
Pepparkakeland,
till julen, till julen vi komma hand
i hand.
Men tomten och bocken vi lämnat
vid vår spis,
de ville inte resa från vår
pepparkakegris.

Das Lied der drei Pfefferkuchen-Männchen ist ein beliebtes schwedischen Weihnachtslied, das jedes Kind kennt. Die braunen Männchen »kommen aus dem Pfefferkuchenland, haben Korinthen als Augen und den Hut schräg« und »kommen Hand in Hand« zum Weihnachtsfest.

Melodie: Alice Tegnér
Text: Astrid Gullstrand, 1913

STOCKHOLM - GAMLA STAN

Wenn weiß gekleidete Mädchen mit ihrer Lichterkönigin Lucia in feierlicher Prozession am frühen Morgen ihr Sankta-Lucia-Lied anstimmen, dann feiert ganz Schweden den Lucia-Tag am 13. Dezember. Man gedenkt dabei der sizilianischen Heiligen aus dem dritten Jahrhundert. Traditionell bringen Lucia und ihr Gefolge, zu dem auch Sternenjungen gehören, außer ihren Liedern auch frisch gebackene *Lussekatter* (Lucia-Kätzchen) mit. Der Lucia-Zug besucht Schulen, Alte und Kranke, aber auch Firmen und öffentliche Institutionen. Auch im Freilichtmuseum *Skansen* findet eine große Lucia-Feier statt.

Wie Katzenaugen sehen die kleinen Hefeschnecken aus, die man in Schweden zum Lucia-Tag backt. Saftig und weich sollen sie sein, und durch den kostbaren Safran färbt sich der Teig goldgelb. Am besten genießt man sie noch leicht warm, wenn sie gerade aus dem Ofen kommen.
Und wer sie auf Vorrat backt, friert das Gebäck in kleineren Portionen ein. Dann kommt es später noch einmal kurz in den Ofen und duftet wieder himmlisch.

TRADITIONSGEBÄCK ZUM LUCIA-TAG

LUSSE KATTER
LUCIA-KÄTZCHEN

Etwa 40 Stück

200 g Butter
500 ml Milch
175 g Zucker
2 Eier (davon 1 Ei verquirlt zum Bestreichen)

50 g Hefe
1 Prise Salz
2 (ca. 0,2 g) Päckchen Safran
ca. 1 kg Mehl
ca. 80 Rosinen

Butter in einem Topf schmelzen, die Milch hinzugießen und leicht erwärmen. Den Topf vom Herd nehmen.
Die Hefe in eine Teigschüssel hineinbröckeln, verrühren, Zucker und 1 Ei zugeben, den Safran mit etwas Zucker zerstoßen und dazugeben. Die Butter-Milch-Mischung hineingießen. Nun nach und nach das Mehl in den Teig einarbeiten und ihn gut durchkneten. Dann mit einem Küchenhandtuch abdecken und mindestens 35 Minuten gehen lassen, bis der Teig doppeltes Volumen erreicht hat.
Den Backofen auf 250 °C vorheizen.
Den aufgegangenen Teig einmal kurz durchkneten. Kleine Teigstränge davon abschneiden und ihre Enden schneckenförmig gegeneinander eindrehen (siehe Foto) und auf ein mit Backpapier ausgelegtes Blech setzen. Nochmals 30 Minuten gehen lassen, dabei ein leicht angefeuchtetes Handtuch auf das Gebäck legen. Dann mit einem verquirlten Ei bestreichen und in jedes Schneckenende eine Rosine stecken.
Die *Lussekatter* etwa 5 Minuten im vorgeheizten Backofen backen, bis sie eine schöne goldbraune Farbe haben. Dann unter einem Tuch abkühlen lassen und so frisch wie möglich genießen.

TRADITIONSGEBÄCK ZU WEIHNACHTEN

PEPPAR KAKOR

SCHWEDISCHE PFEFFERKUCHEN

Ca. 150 Stück

200 g Zucker
50 ml Sirup (etwa 3–4 EL)
100 ml Wasser
200 g Butter
1 EL Zimt

½ EL gemahlener Ingwer
½ EL gemahlene Nelken
1 TL gemahlener Kardamom
1½ TL Natron
ca. 600 g Weizenmehl

Die Butter in Stücke schneiden und mit Zucker, Sirup und allen Gewürzen kurz aufkochen. Etwas abkühlen lassen. Dann das Natron unter das Mehl mischen und alles zusammen nach und nach zu einem geschmeidigen Teig kneten. Einen Rest Mehl zum Ausstechen aufsparen. Den Teig über Nacht im Kühlschrank ruhen lassen.
Am nächsten Tag den Teig wieder durchkneten, bis er glatt und geschmeidig ist.
Den Backofen auf 200 °C vorheizen. Den Teig auf einer bemehlten Arbeitsfläche in kleinen Portionen dünn ausrollen. Mit Ausstechförmchen Figuren ausstechen und auf ein mit Backpapier ausgelegtes Blech legen.
Auf der mittleren Schiene des Ofens 5–8 Minuten backen. Vorsicht, die Pfefferkuchen können leicht verbrennen!
Noch kurz auf dem Blech auskühlen lassen. Wer mag, kann die Pfefferkuchen danach mit dünnem Zuckerguss dekorieren. Die Pfefferkuchen in luftdichten Dosen aufbewahren, damit sie schön knusprig bleiben.

Der würzige Duft der *Pepparkakor* gehört einfach zur schwedischen Weihnachtszeit. Und nicht nur Lisa, Lasse und Bosse aus dem Kinderbuchklassiker *Die Kinder aus Bullerbü* fiebern dem Pfefferkuchenbacken jedes Jahr entgegen: »Ich weiß nicht, wann Weihnachten woanders beginnt. Hier in Bullerbü beginnt Weihnachten jedenfalls mit dem Tag, an dem wir Pfefferkuchen backen. Dann haben wir fast genauso viel Spaß wie Heiligabend.« (Astrid Lindgren, *Die Kinder aus Bullerbü*, Oetinger Verlag, S. 98)

STOCKHOLM – GAMLA STAN

Dort, wo es nach gebrannten Mandeln, frisch gebackenen Waffeln und Zimtschnecken duftet, findet man den traditionellen Weihnachtsmarkt auf dem *Stortorget*, dem zentralen Marktplatz in *Gamla Stan*. Er bietet neben süßen Leckereien auch hausgemachte Senfspezialitäten. Elch, Rentier und alle Arten von Wichteln baumeln als hübsche Weihnachtsdekoration und Holzspielzeug an den Ständen der Kunsthandwerker. Gegen kalte Füße hilft ein warmer *Glögg* mit Mandeln und Rosinen oder eine heiße Schokolade in einem der gemütlichen Cafés rund um den Marktplatz.

NK, Hamngatan 18–20,
www.nk.se/stockholm/
Markthalle am Hötorg,
www.hotorgshallen.se/,
sonntags geschlossen
Östermalms Saluhall
am Östermalmstorg,
www.ostermalms
hallen.se/, sonntags
geschlossen

In Skandinavien ist der *Glögg* als kräftig alkoholhaltiger Glühwein beliebt. Zum erhitzten Rotwein kommen hier noch Spirituosen in Form von Korn oder Wodka, die ebenfalls zusammen mit Gewürzen erhitzt werden. Klassische Beilagen zum Weihnachts-*Glögg* sind Rosinen und geschälte Mandelkerne, die in die Gläser gefüllt werden. Als alkoholfreie Variante gibt es in Schweden den *Glögg* mit schwarzem Johannisbeersaft, der nicht nur bei Kindern sehr beliebt ist.

DER KLASSIKER ZUR WEIHNACHTSZEIT

GLÖGG
GLÜHWEIN

Für 6 Gläser

750 ml Rotwein
100 ml Korn oder Wodka
2 TL Kardamomkerne, im
   Mörser leicht zerstoßen
1 Zimtstange
10 Gewürznelken
1 Sternanis

nach Belieben etwas
   brauner Zucker

Als Einlage
90 g Rosinen
100 g geschälte süße Mandeln

Alle Zutaten – bis auf die Rosinen und Mandeln – vorsichtig zusammen erhitzen. Der *Glögg* darf aber nicht kochen. Zugedeckt mehrere Stunden durchziehen lassen, anschließend die Gewürze entfernen.
Vor dem Servieren erneut vorsichtig erhitzen. Rosinen und Mandelkerne in die Gläser füllen und den *Glögg* einschenken.

Johannisbeer-Glögg

200 ml Apfelsaft
400 ml schwarzer
   Johannisbeersaft
400 ml Wasser
1 TL Kardamomkerne

1 Zimtstange
4 Gewürznelken

Als Einlage
90 g Rosinen
100 g geschälte süße Mandeln

Alle Zutaten – außer Rosinen und Mandeln – in einem Topf aufkochen. Dann bis zum nächsten Tag kalt stellen.
Die Gewürze entfernen und den Glögg noch einmal erhitzen. Zusammen mit Mandeln und Rosinen in kleinen Gläsern oder Tassen servieren.

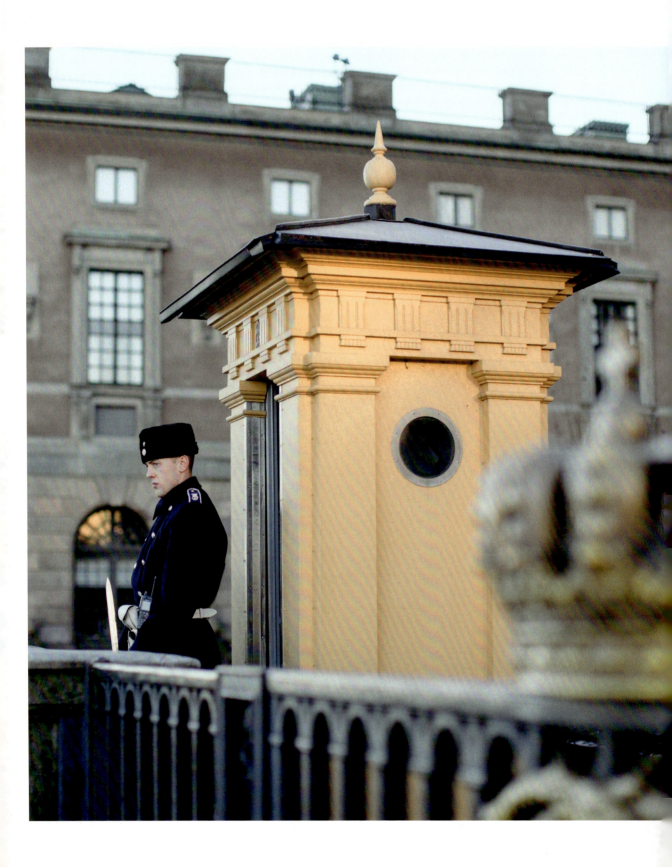

STOCKHOLM – NORRMALM & ÖSTERMALM

NORRMALM & ÖSTERMALM

STREIFZUG DURCH DIE CITY. Am späten Vormittag wird es lebhafter im Stadtzentrum. Nur durch eine Brücke vom Schloss entfernt liegt der Schlosspark *(Kungsträdgården)*, der im Winter mit einer idyllischen Kunsteisbahn lockt. Wer spontan ein paar Runden in der Dezembersonne drehen will, findet dort auch einen Schlittschuhverleih. Am Nordende des Parks thront das altehrwürdige Kaufhaus *Nordiska Kompaniet,* dessen imposante Innenhalle es mit Pariser Nobelkaufhäusern aufnehmen kann. Zeit für einen Lunch? Überall findet man Bistros mit den beliebten Tellergerichten *Dagens rätt,* zu denen oft auch ein Getränk gehört. Eine üppige Vielfalt nordischer Delikatessen präsentieren die großen Markthallen am *Hötorg (Norrmalm)* und *Östermalms Saluhall* am *Östermalmstorg*.

KÖTT BULLAR

SCHWEDISCHE HACKFLEISCHBÄLLCHEN

Für 4 Personen

500 g Hackfleisch (Schweine- und Rinderhack)
1 TL Salz
150 ml Milch
4 EL Paniermehl
½ TL schwarzer Pfeffer, frisch gemahlen
½ TL gemahlener Piment
2 EL Zwiebeln, fein gehackt
1 Ei

Paniermehl und Milch verrühren und 10 Minuten quellen lassen.

Zwiebelwürfel in einer Pfanne mit etwas Butter anbraten, bis sie goldgelb sind. Etwas abkühlen lassen.

Hackfleisch und Ei unter die Paniermehlmasse mischen, Gewürze und Zwiebeln zugeben und alles zu einem geschmeidigen Teig verkneten.

Aus dem Fleischteig mit feuchten Händen kleine runde Bällchen formen und diese auf ein feuchtes Holzbrett setzen. Wenn man die Hände zwischendurch anfeuchtet, werden die *Köttbullar* schön rund.

Dann 1–2 EL Butter in einer Pfanne erhitzen und die *Köttbullar* portionsweise darin von allen Seiten braten. Die Pfanne zwischendurch anheben und rütteln, damit die Fleischbällchen rundum braun werden. Wenn sie durchgebraten sind, noch 5 Minuten bei abgeschalteter Herdplatte ziehen lassen.

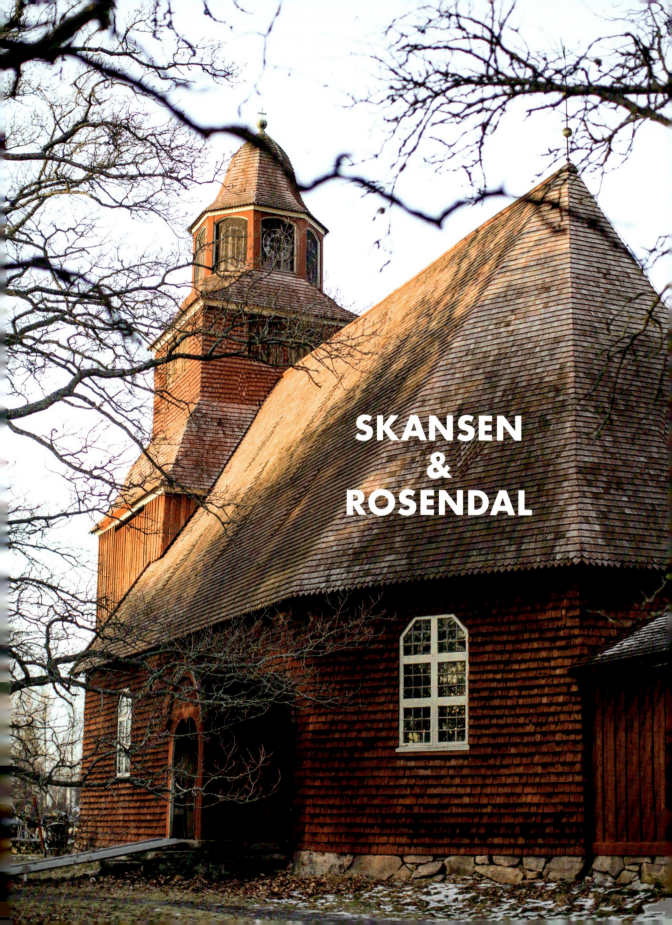

SKANSEN & ROSENDAL

SKANSEN – ZENTRUM LEBENDIGER TRADITIONEN

Auf Stockholms grüner Tiergarteninsel *Djurgården* findet im *Skansen*, dem ältesten Freilichtmuseum der Welt, ab dem ersten Advent ein historischer Weihnachtsmarkt statt. Handwerksmeister demonstrieren traditionelle Künste wie das Spankorbbinden, Talgkerzengießen oder Schmiede- und Glasbläserarbeiten. Stilvoll sind Festtafeln in den Museumshäusern zum *Julbord* gedeckt und auf dem Marktplatz bieten die nostalgisch gekleideten Marktfrauen handgestrickte Fausthandschuhe, Stickereien, Knäckebrot, Konfitüren aus nordischen Molte- und Preiselbeeren, Julböcke aus Stroh und Weihnachtsschmuck feil. In den Häusern prasseln die Kaminfeuer und es ertönen weihnachtliche Klänge. Da lässt man sich gern wieder für eine *Fika* – die berühmte schwedische Kaffeepause – nieder.

Das Freilichtmuseum Skansen liegt auf der Insel Djurgården und ist mit der Straßenbahn oder dem Bus erreichbar. **Aktuelle Termine und Eintrittspreise für den *Julmarknad*:** www.skansen.se/de/deutsch

STOCKHOLM – SKANSEN & ROSENDAL

ROSENDAL

EIN MEER AUS KERZENLICHT. Wenn die Dämmerung sich am frühen Nachmittag über die Ostseemetropole legt, dann flammt in den Ökogärten von *Rosendal* hinter *Skansen* ein ganz besonderes Lichterfest auf: Die weitläufige Gartenanlage verwandelt sich in ein Meer aus Kerzenlichtern und offenen Feuerschalen und verzaubert Jung und Alt. Küche und Bäckerei servieren Köstlichkeiten aus den biodynamischen Produkten, die das Jahr über vor Ort gewachsen sind. Groß und Klein sind herzlich eingeladen, beim »Schneeflockenball« mit herumzuwirbeln – so die handgeschriebene Tafel am Wegesrand. Nicht nur auf *Rosendal* wird »KRAV« großgeschrieben: Das schwedische Öko-Label steht auf immer mehr Produkten, denn viele Schweden achten auf gesund produzierte Lebensmittel.

Rosendals trädgård auf der Insel Djurgården, Rosendalsterrassen 12, www.rosendalstradgard.se/, montags geschlossen

TYPISCH SCHWEDISCH: BROT SELBST BACKEN

SPELTBRÖD
DINKELBROT MIT CRANBERRYS & NÜSSEN

1 l Buttermilch oder original Filmjölk
1½ TL Natron
14 EL Zuckerrübensirup
1 TL Salz

600 g Dinkelmehl (Type 1050)
120 g Roggenmehl (Type 1150)
100 g Sonnenblumenkerne
50 g Leinsamen

100 g Cranberrys oder Blaubeeren
65 g Haselnüsse
etwas Öl zum Einfetten der Form

Den Backofen auf 200 °C vorheizen. Eine Brotbackform (2 l) fetten und mit Mehl ausstreuen. Die Buttermilch mit Natron, Sirup und Salz in einer Schüssel verrühren. Das gemischte und gesiebte Mehl, die Sonnenblumenkerne, den Leinsamen sowie die Beeren und Nüsse einarbeiten. Den Teig in die Backform geben.
Das Brot auf der unteren Schiene des Ofens ca. 60 Minuten backen.
Die Hitze auf 175 °C reduzieren und das Brot weitere 40 Minuten backen. Sollte die Oberfläche zu dunkel werden, diese mit einem Stück Alufolie abdecken. Mit einem Stäbchen testen, ob das Brot durchgebacken ist.
Nach dem Backen das Brot eine Weile in der Form stehen lassen. Dann auf ein Kuchengitter stürzen und mit einem Tuch abgedeckt auskühlen lassen.

In Schweden backt man gern mit Filmjölk, einer cremigen Dickmilch, die auch gut durch Buttermilch ersetzt werden kann. Statt der Cranberrys kann man auch Blaubeeren in den Teig geben.

STOCKHOLM – SÖDERMALM & SKEPPSHOLMEN

SÖDERMALM & SKEPPSHOLMEN

INSELN DER KONTRASTE. Der einstige Arbeiterstadtteil *Södermalm* südlich der Altstadt gilt heute als Trendviertel zum Shoppen und Ausgehen. Szenegastronomie, Vintageläden und angesagte Designer haben hier ihre Lokale. Wer es lieber beschaulicher mag, sollte eine Museumsrunde auf der kleinen Insel *Skeppsholmen* unternehmen: Spannende Einblicke in die Moderne bietet das *Moderna Museet* und das benachbarte *Arkitekturmuseet*. Stilvoll verbindet die schmiedeeiserne Brücke *Skeppsholmbro* die Museumsinsel mit der Innenstadt. Ihr Wahrzeichen sind die vergoldeten Kronen auf dem Brückengeländer.

Mussen auf Skeppsholmen: Moderna Museet, Exercisplan 4, www.modernamuseeet.se
Arkitekturmuseet, www.arkdes.se/en/

Schöne Cafés in Stockholm:
Gamla Stan:
KaffeGillet, Trångsund 4
Chokladkoppen, Stortorget 18
Sundbergs Konditori, Järntorget 8
in Norrmalm:
Vetekatten, Kungsgatan 55
Tehuset, im Kungsträdgården

in Östermalm:
Sturekatten, Riddargatan 1
Tössebageriet, Karlavägen 77
in Södermalm:
Robin Delselius, Renstiernas gata 19
Chokladfabriken, Renstiernas gata 12
Esters Tee- und Kaffeehandel,
Folkungsgata 95

Bageri, Konditori, Kafé – die Schaufenster in den mehr als 500 Bäckereien und Cafés Stockholms sind einfach verführerisch. Dicke Sahnetorten sucht man meist vergeblich, dafür locken überall die Zimtschnecken (*bullar*) und allerlei Kleingebäck mit Marzipan, Marmelade und Mandelfüllung. Ganz im Trend sind seit einigen Jahren rustikale Sauerteig- und Roggenbrote. Unbedingt zu empfehlen ist eine *Fika* – eine gemütliche Kaffeepause mit kleinem Gebäck. Zum Beispiel **in *Gamla Stan*:** *Kaffegillet* mit altem Kellergewölbe, *Chokladkoppen* am Marktplatz, *Sundbergs Konditori*, das älteste Café der Stadt (seit 1785); **in *Norrmalm*:** *Vetekatten*, berühmt für seine schwedischen Spezialitäten, *Tehuset* am Schlosspark; **in *Östermalm*:** *Sturekatten*, ein Klassiker über zwei Etagen, *Tössebageriet* mit dem Charme der Zwanzigerjahre; **in *Södermalm*:** Robin Delselius, *Chokladfabriken* mit feinen Pralinen, Esters Tee- und Kaffeehandel.

BELIEBT BEI KINDERN UND ERWACHSENEN

CHOKLAD BOLLAR

SCHOKOKUGELN

Für 20 Stück

150 g Butter
100 g Zucker
1 EL Vanillezucker
2-3 EL Filterkaffee
(alternativ 2-3 TL löslicher Kaffee mit 2-3 EL Wasser verrührt)

4 EL ungesüßtes Kakaopulver
100 g Haferflocken
40 g Kokosraspel
nach Belieben 1 EL Rum

Zum Garnieren
Kokosraspel, Schokostreusel oder Puderzucker

Butter auf Zimmertemperatur temperieren, in kleine Stücke schneiden und mit Zucker und Vanillezucker vermengen. Kaffee, Kakao, Haferflocken, Kokosraspel und ggf. Rum hinzufügen und mit dem Handmixer etwa 5 Minuten lang zu einem Teig verrühren. Sollte er zu klebrig sein, stellt man ihn noch eine Weile in den Kühlschrank.
Zum Garnieren die Kokosraspel oder Schokostreusel in einen Suppenteller füllen. Dann den Teig jeweils mit einem Teelöffel abstechen und zu Kugeln von 3-4 cm Durchmesser rollen. Diese zum Schluss in den Kokosraspeln bzw. Schokostreuseln wälzen oder alternativ mit Puderzucker bestäuben. Die Kugeln am besten in einer Frischhaltedose im Kühlschrank aufbewahren.

Schwedische Schokoladenkugeln sind ein echter Klassiker und kinderleicht herzustellen. Da sie noch nicht einmal im Ofen gebacken werden müssen, kann man sie auch wunderbar mit kleinen Kindern selbst machen. Je nach Geschmack rollt man sie in Kokosraspeln, Schokostreuseln oder man bestreut sie mit Puderzucker.

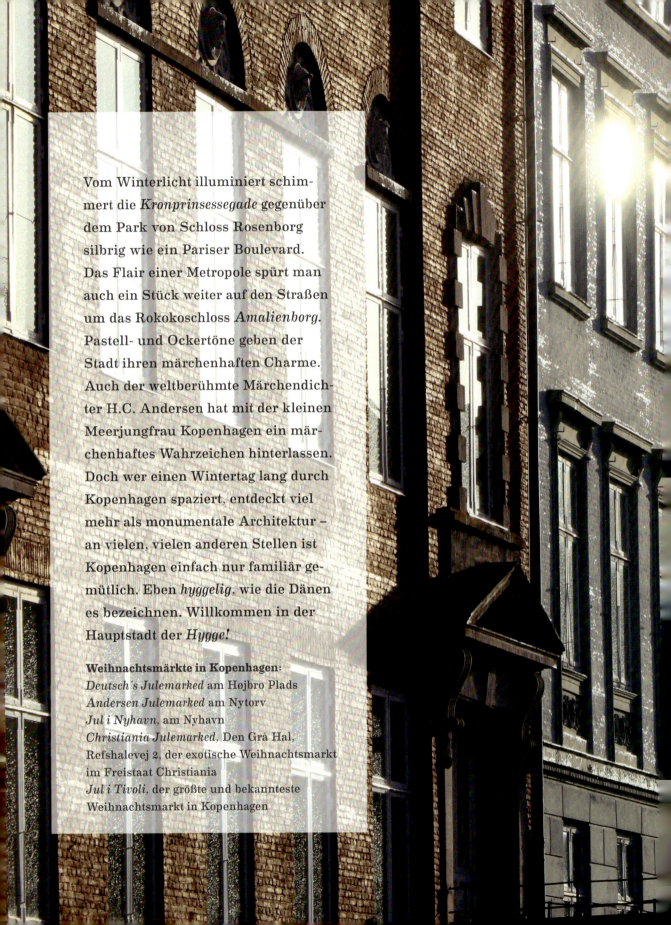

Vom Winterlicht illuminiert schimmert die *Kronprinsessegade* gegenüber dem Park von Schloss Rosenborg silbrig wie ein Pariser Boulevard. Das Flair einer Metropole spürt man auch ein Stück weiter auf den Straßen um das Rokokoschloss *Amalienborg*. Pastell- und Ockertöne geben der Stadt ihren märchenhaften Charme. Auch der weltberühmte Märchendichter H.C. Andersen hat mit der kleinen Meerjungfrau Kopenhagen ein märchenhaftes Wahrzeichen hinterlassen. Doch wer einen Wintertag lang durch Kopenhagen spaziert, entdeckt viel mehr als monumentale Architektur – an vielen, vielen anderen Stellen ist Kopenhagen einfach nur familiär gemütlich. Eben *hyggelig*, wie die Dänen es bezeichnen. Willkommen in der Hauptstadt der *Hygge!*

Weihnachtsmärkte in Kopenhagen:
Deutsch´s Julemarked am Højbro Plads
Andersen Julemarked am Nytorv
Jul i Nyhavn, am Nyhavn
Christiania Julemarked, Den Grå Hal, Refshalevej 2, der exotische Weihnachtsmarkt im Freistaat Christiania
Jul i Tivoli, der größte und bekannteste Weihnachtsmarkt in Kopenhagen

INDRE BY

MÄRCHENHAFTE WEIHNACHTSSTIMMUNG. Im Altstadtviertel *Indre By* herrscht reger Weihnachtstrubel. Am *Højbro Plads* (Foto) gibt es einen kleineren traditionellen Weihnachtsmarkt, zu dem sich auch der Weihnachtsmann angekündigt hat. Und der kommt in Dänemark sogar aus dem fernen Grönland!
Wenn der Tannenbaum auf das Gepäckrad geladen wird, dann kommt uns das Andersen-Märchen vom kleinen Tannenbaum in den Sinn: »Oh!«, dachte der Baum, »wäre es doch Abend! Würden nur die Lichter bald angezündet! Und was dann wohl geschieht?« Dem dänischen Märchendichter hat man übrigens einen eigenen Weihnachtsmarkt am *Nytorv* gewidmet, auf dem man sich bei einem *Gløgg* oder einem heißen Kakao aufwärmen kann, und das nostalgische Karussell lässt Kinderträume wiedererwachen.

Wer auf der Suche nach Weihnachtsgeschenken durch die Altstadt zieht, findet inspirierende Weihnachtstische mit schönem dänischen Design im Flagshipstore der Porzellanmanufaktur Royal Copenhagen, in Illums Bolighus und in der Silberschmiede Georg Jensen aufgebaut. Alle drei Designtempel liegen am *Amagertorv* in der Nachbarschaft.

Royal Copenhagen, Amagertorv 6
Illums Bolighus, Amagertorv 10
Georg Jensen, Amagertorv 4

KOPENHAGEN – INDRE BY

Rot und weiß: Die Farben der dänischen Flagge sind auch die klassischen Farben bei allen Weihnachtsdekorationen. Kinder flechten *Julehjerte,* rot-weiße Herzen aus Papierstreifen, und die meist rote Kalenderkerze mit 24 weißen Zahlen (ein beliebtes Souvenir) wird jeden Tag um eine Ziffer abgebrannt. Flagge zeigen die Dänen selbst am Weihnachtsbaum und bestecken ihn mit kleinen Fähnchen. Beim Wachwechsel auf Schloss *Amalienborg* (Foto rechts) stehen rote Häuschen vor dem weißen Schloss.
Im alten *Latiner Kvarter* nördlich der Einkaufsmeile *Strøget* verstecken sich charmante Secondhandshops und Antiquariate, in denen man nostalgische Geschenke finden kann. Nebenan gibt es gute Gelegenheiten, die dänische Bierkultur in urigen Kneipen zu studieren.

Auch wenn die runden dänischen »Apfelbällchen« schon lange ganz ohne Äpfel gebacken werden, waren es ursprünglich die letzten Apfelscheiben des Jahres, die man in dem Teig briet. Bis heute ist es die beliebteste Näscherei beim dänischen Adventscafé. Echte Dänen besitzen dafür auch die spezielle *Æbleskiver*-Pfanne mit kugelförmigen Vertiefungen. Sicher ist uns kein Däne böse, wenn wir den Teig in einer normalen Pfanne als kleine Pfannkuchen backen und mit guter dänischer Marmelade genießen.

ÆBLESKIVER
DÄNISCHE APFELBÄLLCHEN

Für 25 Stück

400 ml Buttermilch
1 EL Zucker
1 Päckchen Vanillezucker
250 g Mehl
3 Eier
½ TL Natron

1 Prise Salz
Öl oder Butter zum Braten

Puderzucker
Marmelade

Eier trennen. Eigelbe zusammen mit Buttermilch, Mehl, Zucker und Natron in eine Schüssel geben und zu einem glatten Pfannkuchenteig verrühren. Eiweiß steif schlagen und unter den Teig heben. Den Teig noch etwa 30 Minuten ruhen lassen.

Nun nach Belieben die *Æbleskiver*-Pfanne auf mittlerer Hitze vorheizen, die Aushöhlungen fetten und den Teig in die Formen füllen. Wenn die Bällchen am Rand fest werden, vorsichtig mit zwei Gabeln wenden. Die *Æbleskiver* sind fertig, wenn sie von beiden Seiten goldbraun gebacken sind.

Wer mit normaler Pfanne backen will, füllt den Teig zu kleinen Pfannkuchen in die Pfanne und backt diese ebenfalls goldbraun.

Die fertigen *Æbleskiver* warm halten und erst kurz vor dem Servieren mit Puderzucker bestreuen. Dazu isst man Marmelade oder Pflaumenmus.

Auch mitten im Winter ist Kopenhagen eine Fahrradstadt. Nicht nur junge Studenten sind hier leidenschaftliche Radfahrer; selbst das Kronprinzenpaar Mary und Frederik holt angeblich seine Kinder mit dem Rad vom Kindergarten ab. Für Touristen wartet eine Vielzahl von Mieträdern an zentralen Stellen, wie beispielsweise am *Nyhavn*. Warme Handschuhe für die Wintertour nicht vergessen!
Mindestens genau so typisch wie Fahrräder sind die *Pølser*-Wagen im Kopenhagener Stadtbild: Hier gibt es die legendären dänischen Hotdogs für den kleinen Hunger zwischendurch.

TORVEHALLERNE

EIN DORADO FÜR ALLE, DIE GUTES ESSEN LIEBEN UND GENIESSEN WOLLEN. Um die Mittagszeit wird es lebendig in den mehr als 60 Ständen der *Torvehallerne*, die auch »Kopenhagens Speisekammer« genannt wird. Frische Fische und Meeresfrüchte, Biofleisch, Obst und Gemüse aus der Region, aber auch eine exquisite Auswahl an Sushi, Tapas und Smørrebrød an den Streetfood-Ständen machen die Markthallen zu einem lohnenden Ziel. Eine Auswahl: Käsespezialitäten aus aller Herren Länder am *Ostetorget*, hausgemachte Leberpastete von *Slagter Lund*, 160 Sorten Tee bei *Tante T* und das Bier der prämierten Microbrauerei *Mikkeller* in Flaschen im *Mikkeller & Friends Bottleshop*. Dick belegte Sandwiches nach klassischer dänischer Art bietet *Hallernes Smørrebrød*.

Die Markthalle *Torvehallerne* mit mehr als 60 Ständen hat auch an sonntags geöffnet. Frederiksborggade 21, www.torvehallernekbh.dk/

DER DÄNISCHE KLASSIKER

SMØRRE BRØD
SANDWICH

Butterbrot, offenes Sandwich – wie auch immer man ein dänisches Smørrebrød übersetzen will, man wird dem üppigen Schlemmerhappen damit nicht gerecht. Wer in einem dänischen Frokost-Restaurant nach der Speisekarte fragt, um Smørrebrød zu probieren, bekommt gelegentlich auch einen Bestellzettel, auf dem man die Brotsorte und den gewünschten Belag ankreuzen kann. Diese Listen können gut und gerne 20 bis 30 verschiedene Sorten zur Auswahl haben ...
Überraschenderweise besteht ein Smørrebrød in der Regel nur aus einer Scheibe Brot. Die Besonderheit ist aber der Belag, der nun auf dieser einen Brotscheibe kunstvoll gestapelt wird, bis sie dann wirklich nur noch mit Messer und Gabel verzehrt werden kann.
Drei Klassiker der dänischen Smørrebrød-Karte wollen Ihnen Lust machen auf eigene Kreationen:

Smørrebrød mit Garnelen, Eiern und Kresse

1 Scheibe Vollkornbrot
1 hart gekochtes Ei
100 g Garnelen, abgetropft

Butter, Mayonnaise, Zitronensaft
frische Gartenkresse
Salz, Pfeffer

Die Brotscheibe mit Butter bestreichen. Das Ei in Scheiben schneiden und fächerartig in zwei Reihen auf das Brot legen. Einen Streifen Mayonnaise darüber spritzen, die abgetropften Garnelen darauf anrichten und mit ein paar Spritzern Zitronensaft beträufeln. Mit kurzgeschnittener Gartenkresse dicht belegen. Nach Belieben noch salzen und pfeffern.

Fisch und Meeresfrüchte zählen zu den beliebtesten Zutaten auf einem *Smørrebrød*. Statt der Garnelen kann man auch Flusskrebsfleisch oder Räucherlachs verwenden.

Dänen lieben Schweinefleisch in kalten und warmen Gerichten. Der geräucherte Bratenaufschnitt, den wir als Kassler Rippenspeer kennen, wird bei den nördlichen Nachbarn zum »*Hamburgerrygg*«.

Bei dieser edlen Kombination kommt es nicht nur auf das Fleisch, sondern besonders auf die Gurken an. Dänische Gewürzgurken sind viel süßer als wir es gewohnt sind und werden bereits in Scheiben eingelegt. Die Remoulade ist hier zusätzlich mit Curry gewürzt.

Smørrebrød mit Schweinebraten, Remoulade und Schnittlauch

1 Scheibe Roggenbrot
etwa 6 Scheiben kalter Schweinebratenaufschnitt oder Pulled Pork
1–2 Salatblätter
dänische Remoulade
3 Tomatenscheiben
1 EL Schnittlauch, in Röllchen geschnitten
Butter

Die Brotscheibe mit Butter bestreichen. Die Salatblätter waschen, trocken tupfen, auf dem Brot auslegen und den Bratenaufschnitt großzügig darauf verteilen. Remoulade in gewünschter Menge hinzufügen. Mit den Tomatenscheiben und den Schnittlauchröllchen garnieren. Als Variation kann man den Schweinebraten auch durch eine kalte, in Scheiben geschnittene Frikadelle ersetzen.

Smørrebrød mit Roastbeef, Röstzwiebeln und Gurke

1 Scheibe Brot (z.B. Weißbrot)
3–4 Scheiben Roastbeef
dänisch-süße Gewürzgurken in Scheiben
1 EL Röstzwiebeln (Fertigprodukt)
Curry-Remoulade, alternativ Senfcreme
1 TL Sahnemeerrettich (nach Belieben)
¼ rote Zwiebel, in Spalten geschnitten

Die Brotscheibe mit Butter bestreichen. Roastbeefscheiben darauf drapieren und großzügig mit Gewürzgurkenscheiben belegen. Darüber die Curry-Remoulade streichen und mit den Röstzwiebeln garnieren. Wer es mag, krönt sein Smørrebrød noch mit einem Klecks Meerrettichsahne und etwas roter Zwiebel.

Dänische Remoulade (ohne Bild)

100 g Salatmayonnaise
100 g Naturjoghurt
2 Eigelbe
1 EL süßer Senf
½ TL grobes Meersalz
schwarzer Pfeffer, frisch gemahlen
2 Zwiebeln, mittelgroß
150 g Gewürzgurken, möglichst dänisch-süß
1 Möhre, grob gerieben
1 Apfel, mit Schale in kleine Würfel geschnitten

Mayonnaise, Joghurt, Eigelbe, Senf, Salz und Pfeffer zusammen verrühren. Die Zwiebeln halbieren und zur Hälfte in dünne Scheiben schneiden. Die anderen Hälften fein hacken. Ebenso die Gewürzgurken. Zwiebel- und Gurkenwürfel mit den geriebenen Möhren und den Apfelwürfeln mit der Sauce zu einer Remoulade verrühren und mindestens 15 Minuten kalt stellen. Vor dem Servieren nochmals mit Salz und Pfeffer abschmecken.

DEJLIG ER DEN HIMMEL BLÅ

Dejlig er den himmel blå,
lyst det er at se derpå,
hvor de gyldne stjerner blinke,
hvor de smile, hvor de vinke
os fra jorden op til sig.

Det var midt i julenat,
hver en stjerne glimted mat,
men med ét der blev at skue
én så klar på himlens bue
som en lille stjernesol.

Når den stjerne lys og blid
sig lod se ved midnatstid,
var det sagn fra gamle dage,
at en konge uden mage
skulle fødes på vor jord.

Eines der beliebtesten dänischen Weihnachtslieder erzählt von der Geburt Jesu aus der Sicht eines strahlenden Sterns, der am blauen Himmel erscheint und das Weihnachtsgeschehen verkündet:
» Wie schön der blaue Himmel ist «.

DÄNISCHE VOLKSWEISE:
Melodie: J. G. Meidell, 1846
Text: N.F.S. Grundtvig, 1853

TIVOLI

HIER HAT VERGNÜGEN TRADITION. Wenn in der Dämmerung am Nachmittag Tausende von Lichtern auf dem Weihnachtsmarkt im Tivoli aufleuchten, dann zieht es Jung und Alt magisch zum berühmtesten Weihnachtsmarkt Kopenhagens. Von Mitte November bis Silvester reihen sich im historischen Vergnügungspark von 1843 die Weihnachtsmarktstände mit Leckereien aller Art aneinander: gebrannte Mandeln, frisch duftender *Æbleskiver*, *Gløgg* und Kakao, gelegentlich auch eine deutsche Grillbratwurst. Wer noch auf der Suche nach kleinen Weihnachtsgeschenken ist, findet auch hier im Tivoli-Park geschmackvolle Dinge. Die Traditionslokale im Tivoli haben geöffnet und bieten *Jule*-Menüs, die man teilweise vorbestellen muss. Auf nostalgischen Fahrgeschäften wie Schiffschaukeln und Kettenkarussells schwingt und schwebt man über dem grauen Alltag.

Aktuelle Informationen über die Jul-Aktivitäten im Tivoli: www.tivoli.dk oder www.visitcopenhagen.com

KOPENHAGEN – INDRE BY

Nicht nur in Dänemark ist die Vorweihnachtszeit auch die Zeit der großen Wohltätigkeitsaktionen. Eine bemerkenswert weitreichende Idee kommt ausgerechnet von einem Kopenhagener Postbeamten. Dieser hatte bereits vor über 100 Jahren die Idee, für zwei *Øre* eine kleine Zusatzbriefmarke herauszubringen, um mit dem Erlös armen Kindern zu helfen. Seit 1914 konnte man von den Einnahmen der *julemærker* mehrere Kindererholungsheime in ganz Dänemark einrichten. So entwickelte sich die Tradition der Weihnachtsmarken, die bis heute in vielen Ländern erfolgreich weitergeführt wird. Die schönen dänischen Marken sind bei Sammlern begehrt. Man kann sie inzwischen nicht nur im Postamt kaufen, sondern auch im Internet bestellen. Und sie sind eine ganz besondere Souveniridee für Kopenhagen-Besucher. Eine ganz andere, aber auch sehr dänische *Jul*-Tradition ist der *Jule Akvavit* des Spirituosenherstellers Aalborg. Die limitierte Weihnachtsedition wird jährlich in einer von einem Künstler entworfenen Flasche abgefüllt und ist ein beliebtes Geschenk für die festliche Weihnachtstafel.

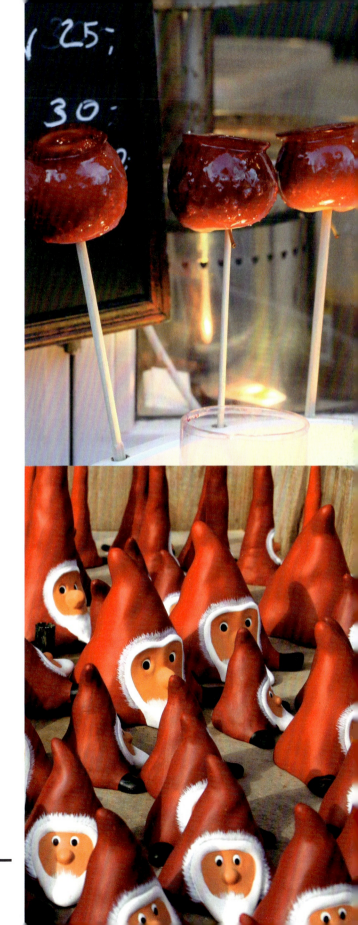

FÜR DIE GANZE FAMILIE – UND DEN WEIHNACHTSWICHTEL!

RISENGRØD
MILCHREIS

Für 4 Portionen

130 g Rundkornreis
300 ml Wasser
¼ TL Salz
1 l Milch

3 EL Zucker
100 g Sahne
1 ganze Mandel (ohne Schale)
50 g geschmolzene Butter

Reis mit Wasser und Salz in einem Topf mit dickem Boden zum Kochen bringen und unter Rühren etwa 2 Minuten kochen lassen. Die Milch nach und nach zugießen, umrühren und den Brei aufkochen. Bei schwacher Hitze etwa 10 Minuten köcheln lassen, immer wieder umrühren. Dann bei sehr milder Hitze zugedeckt etwa 40 Minuten quellen lassen.
In der Zwischenzeit die Sahne steif schlagen.
Wenn die Reiskörner richtig weich sind, nach Wunsch mit dem Zucker süßen und die geschlagene Sahne unterziehen. Dann noch die Mandel im Reisbrei verstecken und die *Risengrød* mit etwas geschmolzener Butter servieren.

Ohne eine Portion süßen Milchreis wäre ein dänisches Weihnachtsessen nicht komplett! Meist am Ende des ohnehin üppigen Weihnachtsessens kommt eine große Schüssel mit sahnigem Reisbrei auf den Tisch, der auch vornehm französisch *Ris à l'amande* genannt wird. Wer die in dem Brei versteckte Mandel findet, bekommt eine kleine Belohnung in Form eines Marzipanschweinchens oder man verheißt ihm Glück im kommenden Jahr. Norweger und Schweden kochen ebenfalls ihren Weihnachtsreisbrei, der kalt oder warm gegessen wird. Auch der Weihnachtswichtel bekommt auf dem Land ein Schälchen vor die Tür gestellt, damit er Haus und Hof in der Weihnachtsnacht beschützt und den Hausbewohnern wohlgesonnen bleibt.

CHRISTIANSHAVN & HOLMEN

MARITIMES KOPENHAGEN. Das malerische Stadtviertel *Christianshavn* verdankt seine Entstehung dem dänischen Herrscher Christian IV. Dieser beauftragte im 18. Jahrhundert einen niederländischen Baumeister, auf einer künstlichen Insel südöstlich der Innenstadt ein neues Viertel mit einem Kanalsystem anzulegen. Heutzutage ist es ein gefragtes Wohnviertel, dessen Kanäle und Brücken sowie die denkmalgeschützten Häuser eine ganz besondere Atmosphäre vermitteln. Wer die Mühen nicht scheut, wird vom ungewöhnlichen Korkenzieherturm der Erlöserkirche *(Vor Frelsers Kirke)* mit einem herrlichen Panorama über das Inselreich belohnt. Ein »Hingucker« aus unserer Zeit ist die Königliche Oper, die 2005 als dänische Nationaloper auf der Insel *Holmen* eingeweiht wurde. Der bekannte dänische Architekt Henning Larsen hat ihr die markante Dachplatte aufgesetzt und sie mit modernster Bühnentechnik ausgestattet. Für eine besondere Kultur-Kaffeepause bietet sich das Café im Kulturzentrum *Nordatlantens Brygge* an. Es serviert nicht nur Kuchen- und Kaffeespezialitäten, sondern es hat auch Trockenfisch, grönländischen Schnaps und Bier von den Färöern auf seiner Speisekarte.

Erlöserkirche *(Vor Frelsers Kirke)*, Sankt Annæ Gade 29
Königlich Dänische Oper, Ekvipagemestervej 10, www.kglteater.dk/
Café im Kulturzentrum Nordatlantens Brygge, Strandgade 91, www.nordatlantens.dk/

Nah am Wasser gebaut: Markante architektonische Landmarken sind das 2005 eingeweihte Opernhaus (oben rechts) sowie das Viertel entlang des *Christianhavns*-Kanals (unten links). Bei sonnigem Winterwetter lassen sich die kühlen Temperaturen nur durch die leeren Außenplätze der im Sommer gut frequentierten Kanalcafés erahnen.

NYHAVN

ROMANTIK AUF DER HAFENMEILE. Als kleiner Seitenhafen wurde im 17. Jahrhundert der *Nyhavn* (»neuer Hafen«) angelegt, um mit den Schiffsladungen vom *Øresund* näher zum großen Marktplatz *Nytorv* zu gelangen. Entlang des schmalen Kanals entstanden die bis heute erhaltenen bunten Häuserzeilen mit Seemannsheimen, Speicherhäusern und Hafenkneipen. Doch nicht nur Seeleute liebten das Hafenviertel, auch die Kopenhagener Boheme ging hier ein und aus. Der Märchendichter H.C. Andersen wohnte sogar zeitweise in den Häusern 18, 20 und 67 am *Nyhavn*, sodass man ihm heute hier zu Recht mit einem Café und einem Souvenirshop die Ehre erweist. Heutzutage sollte man nach einem Bummel am *Nyhavn* auch unbedingt noch ein paar Schritte weiter gehen, um einen Blick auf die neue Hafenpromenade um die Ecke zu werfen. Auf der linken Seite ragt das neue Schauspielhaus auf; auf der gegenüberliegenden Seite erkennt man das markante Opernhaus auf der Insel Holmen.

H.C. Andersen-Café, Nyhavn 67
Souvenirshop: Hans Christian Andersen Copenhagen, Nyhavn 18, www.hca-copenhagen.com

KOPENHAGEN – NYHAVN

Anders als zu Sommerzeiten, in denen sich der *Nyhavn* zu einer einzigen quirligen Partymeile entwickelt, geht es hier in der Vorweihnachtszeit etwas beschaulicher zu. Der Weihnachtsmarkt am Kai verzaubert mit seiner maritimen Atmosphäre, wenn die bunten Lichter sich zwischen den historischen Segel- und Museumsschiffen auf dem Wasser spiegeln. Ob ein schneller *Gløgg* im Stehen oder ein *middag* (dänisches Abendessen) hinter den Fensterscheiben – auch hier gibt es viele Gelegenheiten, um es sich *hyggelig* zu machen und die besondere Stimmung zu erleben.

KOPENHAGEN – VESTERBRO

MEATPACK DISTRICT KØDBYN

MEETING POINT IM TRENDVIERTEL. Auch wenn der eigentliche Meatpacking District in Manhattan auf der anderen Seite des großen Teichs liegt, hat er ein würdiges Gegenüber im alten Schlachthofviertel *Kødbyn* hinter dem Kopenhagener Hauptbahnhof im Szeneviertel *Vesterbro* bekommen. In den Abendstunden ist es der angesagte Treff für Einheimische, die immer wieder neue Restaurants ausprobieren können, aber auch die Bars, Galerien und Showrooms ansteuern. Die weitläufige »Meat-City« ist nach den Backsteinfarben der Dreißigerjahre-Gebäude in Weiß, Grau und Braun unterteilt.

Ein Trost für Vegetarier: Auch wenn die alten Straßennamen übersetzt eine ganze Geschichte des Schlachtens erzählen könnten – heutzutage gibt auch ausreichend Veggie in den Lokalen. Als ältestes Lokal des Viertels verspricht das Paté Paté für die Abendstunden *»god gammeldags dansk hygge«*, Gemütlichkeit nach guter alter dänischer Art. Vielleicht eine gute Adresse, um den Spaziergang durch Kopenhagen ausklingen zu lassen?

Szeneviertel Kødbyn: www.visitcopenhagen.com/copenhagen/meatpacking-district

HOTDOG AUF DÄNISCH

PØLSER
DÄNISCHER HOTDOG

Für 4 Portionen

4 Hotdog-Würstchen
4 Hotdog-Brötchen
40 g dänische Remoulade
40 g Senf

40 g Tomatenketchup
40 g Röstzwiebeln
würzig-süße dänische Gurkenscheiben (Fertigprodukt)

Was an einem Hotdog dänisch ist, fragen Sie? Pølser, die rot eingefärbten dänischen Bockwürstchen, zusammen mit dänischer Remoulade und den süßen dänischen Gewürzgurken machen jeden Hotdog zu einer echt-dänischen Spezialität. Zu Hause darf man auch zu Wiener Würstchen greifen.

Würstchen in heißem Wasser erwärmen. Brötchen halbieren und kurz toasten. Jeweils eine Seite dünn mit Senf bestreichen. Würstchen abtropfen lassen, auf die Unterseiten setzen. Remoulade und Ketchup darauf verteilen, mit Gurkenscheiben und Röstzwiebeln belegen und den Hotdog zuklappen.

OSLO

Lichterstadt am Fjord

MÄRCHENSTIMMUNG AM KÖNIGLICHEN SCHLOSS

»Weht die Fahne auf dem Dach, ist der König zu Hause.« So lernt es jedes Kind in Oslo. Dass der norwegische Monarch Harald V. auf die weiße Pracht von einem seiner 173 Räume der royalen Residenz blicken kann, ist ihm bei diesem Wetter zu wünschen. Das 1849 von Oscar I. einge- weihte Schloss liegt am oberen Ende der *Karl Johans gate*, der Hauptschlagader Oslos. Es ist umgeben von einem weitläufigen Park, in dem man zu anderen Jahreszeiten herrlich picknicken und sich sonnen kann. Kaum vorstellbar in diesem märchenhaften Schneetreiben …

FJORD & HAFEN

WINTERMORGEN AM OSLOFJORD.
»Still und starr ruht der ... Oslofjord.« Wenn sich Hafenpromenade und Oslofjord im eisigen Winterlicht zeigen, muss es schon eine ganz besondere Morgenstunde sein. Unser Spaziergang durch Oslo beginnt unten am Hafen, wo die Oper, die trutzigen Rathaustürme und das beliebte Einkaufszentrum *Aker Brygge* die Kulisse für alle Reisenden bilden, die sich mit dem Fährschiff auf der Panoramastrecke durch den Oslofjord der norwegischen Metropole nähern. Mit kleinen Ausflugsbooten erreicht man vom Rathauskai aus die Museumshalbinsel *Bygdøy*. Dort befinden sich die Wikingerschiffshalle sowie weitere maritime Museen, die Norwegens jahrhundertealte Seefahrertradition spannend dokumentieren.
Gegenüber der modernen *Aker Brygge*-Galerie liegt die mittelalterliche Festungsanlage *Akershus*, die ebenfalls direkt an das Ufer des Oslofjords grenzt. Uns zieht es weiter ins Stadtzentrum, auch wenn die Wintersonne das Uhrentürmchen an der Hafenpromenade bald erreichen wird.

Neun von zehn Norwegern trinken täglich Kaffee, im Durchschnitt 3,7 Tassen pro Tag. Damit nimmt das nördliche Königreich Platz drei im europäischen Ranking des Kaffeeverbrauchs ein, hinter Schweden (Platz 2) und dem Spitzenreiter Finnland. Waren es in früheren Zeiten eher bittere, lauwarme Pfützen in betagten Kaffeemaschinen, die Urlauber aus dem Süden milde lächeln ließen, so findet man heute in Oslo eine ultramoderne Kaffeebar-Szene, die sich bis hinüber nach New York bemerkbar macht. Zum ersten Aufwärmstopp ist das Café der *Kaffebrenneriet* am alten Westbahnhof ein lohnendes Ziel. Hier wird mit verschiedensten Kaffeebraumethoden gefiltert, extrahiert oder mit Dampfdruck durch die Espressomaschine gejagt, bis der Kaffee vollendet in der Tasse duftet. Ebenfalls in Hafennähe finden Liebhaber von herzhaften Schinkenspezialitäten am Rathausplatz einen der raren Feinkostläden mit echt norwe-

gischen Produkten: Im *Fenaknoken* baumeln Schinken (*Spekeskinke*) und geräucherte Lammkeulen (*Fenalår*) von der Decke, dass man Parmaschinken und Pata Negra zu erschnuppern meint. Aber es lohnt sich, eine Portion dieser würzigen norwegischen Schinken traditionell mit Kartoffelsalat und papierdünnem Knäckebrot (*Flatbrød*) zu probieren!

Im historischen *Engelbret's Café* ein Stück weiter hatten bereits Henrik Ibsen und Edvard Munch Stammplätze und ließen sich nordische Wildgerichte oder den *Lutefisk* (gelaugten Dorsch) schmecken, der in der Adventszeit ein traditionelles Gericht in Oslo ist.

Café: www.kaffebrenneriet.no/, Brynjulf Bulls plass 2
norwegische Feinkost: Fenaknoken, Tordenskioldsgate 12, www.fenaknoken.no/
ältestes Restaurant Oslos: Engelbrets Café, Bankplassen 1, www.engebret-cafe.no/, sonntags geschlossen

Am dritten Tag kann man den Lachs in dünnen Scheiben aufschneiden und genießen.

EINE ART »SUSHI« AUS DEM NORDEN

GRAVED LAKS
GEBEIZTER LACHS

Braucht drei Tage Vorbereitungszeit

1 kg frischer Lachs (möglichst ein Mittelstück)
2 EL Salz
2 EL Zucker
1 EL Korianderkörner, im Mörser grob zerstoßen
2 TL Pfefferkörner, im Mörser grob zerstoßen
1 Bund frischer Dill

Ein Stück Lachs selbst zu beizen, ist gar nicht kompliziert. Man muss nur rechtzeitig damit anfangen, denn der Lachs muss drei Tage im Kühlschrank durchziehen, bevor er aufgeschnitten werden kann. Zum Lachs passt gut eine Senfsauce oder ein Dipp aus Crème fraîche und Dill.

Den Lachs mit der Außenhaut waagrecht teilen, sodass zwei Hälften entstehen, dann möglichst alle kleinen Gräten herauszupfen. Die beiden Filetseiten mit einem Küchenpapier abtupfen. Eine passende Schüssel oder Auflaufform bereitstellen.
Salz und Zucker mit Koriander und Pfeffer mischen. Ein Drittel der Mischung auf dem Boden der Form verteilen. Großzügig mit grob gehacktem frischem Dill bestreuen. Nun die erste Lachshälfte mit der Hautseite nach unten hineinlegen. Jetzt das zweite Drittel der Gewürzmischung und dem Dill auf der Lachshälfte verteilen. Dann die zweite Lachshälfte darauflegen und das letzte Drittel der Gewürzmischung sowie den restlichen Dill darauf verteilen. Mit Frischhaltefolie abdecken und etwas beschweren (zum Beispiel mit einem Deckel, Teller etc.).
Die Form für drei Tage in den Kühlschrank stellen und täglich einmal den ganzen Fisch wenden. Am dritten Tag kann man den Lachs in dünnen Scheiben aufschneiden und – am besten mit der Senfsauce – genießen.

SAUNA

FINNLÄNDISCHER EINFLUSS. Das heiße Dampfbad ist traditionell eine Sache der Finnen. Doch auch in Oslo hat man während der vergangenen Jahre wieder die Lust entdeckt, sich in der *badstue* (wörtlich: Badestube) wohlig zu wärmen. So baute eine Gruppe von Idealisten ein Saunafloß, das vis-à-vis der Oper im Oslofjord dümpelt und das ganze Jahr über geöffnet hat. Selbst bei Schnee und Eis finden sich genügend Liebhaber, die den Saunagang dann noch mit einem Eisbad krönen.

Entlang der Hafenpromenade gibt es inzwischen weitere Sauna- und Eisbadmöglichkeiten für Mutige, denen selbst Temperaturen unter dem Gefrierpunkt nicht das Blut in den Adern gefrieren lassen. Wer weniger hart gesotten ist, kann sich den Saunabesuch aber gern für den Feierabend im Hotel aufheben!

OPER

OSLOS NEUE SKYLINE. Nach der letzten Millennium-Wende ist Oslo endgültig aus dem architektonischen Dornröschenschlaf erwacht: Seit 2008 bildet das helle Opernhaus mit seiner großzügig dimensionierten Fensterfront einen magischen Anziehungspunkt am Hafen. Der Clou: Man kann der Oper ganzjährig »aufs Dach steigen«, um das Panorama von Stadt und Fjord zu genießen.
Oslos neue Skyline setzt sich direkt hinter der Oper im Barcode-Komplex fort: Zwölf ganz unterschiedliche Hochhäuser, dazwischen unbebaute Flächen, ähneln zusammen aus der Luft betrachtet einem Barcode. Sie beherbergen Banken und Büroetagen, aber auch zwei Kunstgalerien, einige Restaurants und eine Anzahl von Wohnungen.

Den Norske Opera, Kirsten Flagstads plass 1, Führungen auch auf Englisch, www.operaen.no/

KARL JOHAN

RUND UM OSLOS KÖNIGLICHE HAUPTSTRASSE. Vom Schloss im Westen verläuft schnurgerade die *Karl Johans gate*, benannt nach dem norwegisch-schwedischen König Karl III. Johan, der zu Napoleons Zeiten noch über die beiden nordischen Länder zugleich herrschte. Im Volksmund ist sie kurz als *Karl Johan* bekannt. Wenn am Nationalfeiertag, dem 17. Mai, ein bunter Kinderzug mit Fähnchen zum Schloss zieht, dann führt sein Weg auch am norwegischen Parlament *(Storting)*, dem Nationaltheater, der alten Universität und dem altehrwürdigen Grand Hotel mit seinem Traditionscafé vorbei – alle repräsentativen Gebäude liegen im oberen – »vornehmen« – Bereich der Prachtmeile. Weiter unten beginnt das lebhaftere Einkaufszentrum, das sich als Fußgängerzone bis zum Ende der *Karl Johan* am Hauptbahnhof zieht. Wer weniger touristisch shoppen möchte, geht ein Stück weiter und findet beispielsweise im *Glasmagasinet* (Stortorget 9) skandinavisches Glasdesign oder bei *Heimen Husfliden* (Rosenkrantz' gate 8) klassisches norwegisches Kunstgewerbe, Trachtenschmuck und Strickdesign.

Unübersehbar erwartet *Jul i Vinterland* mit bunten Lichtern und einem Riesenrad die Besucher zur Winterzeit. Rund um den Stadtteich *Spikersuppa* an der Karl Johan lockt die Eisbahn, die von einem munteren Weihnachtsmarkt umgeben ist. Ein willkommener Anlaufpunkt bei unserem Stadtspaziergang, denn hier serviert der norwegische Weihnachtswichtel *Julenisse* den hochprozentigen *Gløgg,* heißen Kaffee und Kakao. Auch regionaltypische Süßigkeiten und Gebäck wollen probiert werden und vielleicht passen auch die gestrickten »Norweger«-Handschuhe oder die schönen Mützen am Nachbarstand?

NORWEGISCHER KLASSIKER ZUR WEIHNACHTSZEIT

SIRUP SNIPPER

SIRUPZIPFEL

Für ca. 100 Stück

150 g Sahne
150 g dunkler Sirup
   (alternativ Rübenkraut)
150 g Zucker
100 g Butter
450 g Weizenmehl
¼ TL gemahlener weißer Pfeffer

¼ TL Ingwerpulver
¼ TL gemahlener Anis
¼ TL gemahlener Zimt
¾ TL Natron

1 Eiweiß
100 g blanchierte Mandelkernhälften

Als »Sirupzipfel« bezeichnen die Norweger dieses knusprige Weihnachtsgebäck in Rautenform, das bei keinem *Julekafé* fehlen darf.

Den Backofen auf 175 °C vorheizen. Zwei Backbleche mit Backpapier auslegen.
Sahne, Sirup und Zucker zusammen aufkochen, dann die Butter hinzufügen und die Masse abkühlen lassen, bis sie lauwarm ist. Nun das Mehl, die Gewürze und das Natron dazugeben und alles zu einem glatten Teig verkneten. Den Teig dünn ausrollen (ca. 2 mm) und mithilfe eines Lineals und eines Backrädchens in Rauten schneiden (ca. 5 x 5 cm). Die Rauten auf das Backblech setzen und dünn mit verquirltem Eiweiß bestreichen. Auf jede *Sirupsnipp* noch mittig eine Mandelhälfte drücken.
In der Ofenmitte etwa 5 Minuten backen, bis das Gebäck goldbraun ist. Dann auf einem Kuchengitter abkühlen lassen.

JEG ER SÅ GLAD HVER JULEKVELD

»Ich bin so froh jeden Weihnachtsabend« gehört zum Repertoire jedes norwegischen Kinderchors. Das Lied aus dem 19. Jahrhundert erzählt von der Geburt Jesu und dem Licht, das dadurch in die Welt kam.

Jeg er så glad hver julekveld,
for da ble Jesus født:
da lyste stjernen som en sol,
og engler sang så søtt.

Det lille barn i Betlehem,
han var en konge stor
som kom fra himlens høye slott
ned til vår arme jord.

Nu bor han høyt i himmelrik,
han er Guds egen sønn,
men husker alltid på de små
og hører deres bønn.

NORWEGISCHES LIED:
Melodie: Peder Knudsen
Text: Marie Wexelsen, 1859

NORSK FOLKEMUSEUM

JUL ANNO DAZUMAL. Am Nachmittag fahren wir hinüber zur Museumsinsel *Bygdøy*, um im norwegischen Freilichtmuseum den Weihnachtsmarkt zu besuchen. Erlesenes Kunsthandwerk und hübsche Basteleien sind an den mehr als 100 Marktbuden an zwei Adventswochenenden erhältlich. Aber auch während der übrigen Vorweihnachtszeit lohnt ein Besuch, denn die historischen Museumshäuser rund um die Stabkirche sind im Stil ihrer Epoche weihnachtlich dekoriert. Hier kann man sich lebhaft vorstellen, was Trygve Gulbranssen in seinem Roman *Und ewig singen die Wälder* beschreibt:
»Ja, der Weihnachtstisch auf Björndal blieb, was er gewesen war – Essen für wohl hundert Mann, ganze Schinken und große Braten, alles, was Wald und Wasser und Hof hergeben konnten, von Schwein und Kalb und Rind und Schaf und Lamm, von Gans und Geflügel, Hase und Schneehuhn, die der junge Dag dort oben holte, wo die Zwergbirken sich an das Hochgebirge ducken. Und da gab es gedörrtes Fleisch vom Elch und geräuchertes vom Bären und alle Sorten Fisch aus Fluss und See. Brot und verschiedenen Käse, Butter und Honig, Kuchen und Eingemachtes. Und dazu starkes Bier und Branntwein zu trinken.«*

* Trygve Gulbranssen, *Und ewig singen die Wälder,* München 1935. Berechtigte Übersetzung von Ellen de Boor. S. 181

OSLO – FROGNER

VIGELAND PARK

SKULPTUREN IN ALLEN LEBENSLAGEN. Ein Muss für alle Oslo-Besucher ist der weitläufige *Frogner*-Park im gleichnamigen Stadtteil mit seiner unverwechselbaren Skulpturenanlage, die von Touristen *Vigelandpark* genannt wird. Sie ist das Lebenswerk des Bildhauers Gustav Vigeland (1869–1944), der hier der Schöpfer von mehr als 200 Skulpturen aus Bronze, Granit und Schmiedeeisen ist. Im Mittelpunkt steht ein 17 Meter hoher Monolith, auf dem 121 Körper ineinander verschlungen sind. Die Norweger lieben besonders die Figur des kleinen Trotzkopfs auf der Eingangsbrücke.

DER FESTTAGSKUCHEN FÜR BESONDERE ANLÄSSE

KRANSE KAKE

KRANZKUCHEN

Für 4 Personen	300 g Mandeln	**Glasur**
	300 g Puderzucker	1 Eiweiß
	3-4 Eiweiß	240 g Puderzucker
		½ TL Rum-Aroma

Die Mandeln ohne Schale zweimal fein mahlen und mit dem Puderzucker vermengen. Eiweiße einzeln nach und nach einarbeiten, bis ein fester Teig entsteht. Die Schüssel mit Frischhaltefolie abdecken und bis zum nächsten Tag kühl stellen.

Wer keine norwegische *Kransekake*-Form zur Verfügung hat, rollt den Teig am nächsten Tag portionsweise fingerdick aus, schneidet sich etwa daumendicke Streifen davon ab und formt daraus Ringe mit immer kleiner werdendem Durchmesser. Der unterste Ring kann etwa 12 cm Durchmesser haben. Später darf der Turm gern aus zehn oder mehr Ringen zusammengesetzt werden.

Die Makronenringe auf ein mit Backpapier ausgelegtes Backblech setzen und im vorgeheizten Backofen bei 200 °C etwa 10 Minuten backen.

Die ausgekühlten Ringe anschließend mit einer Zuckerglasur aus Eiweiß und Puderzucker zusammenfügen. Dazu die Glasur in einen Spritzbeutel füllen und auf den untersten Ring ein Zick-Zack-Muster spritzen (s. Foto). Den nächsten Ring daraufsetzen und Ring für Ring ebenso verfahren. Das Ganze können Sie noch nach Belieben mit Papierfähnchen oder bunten Süßigkeiten dekorieren.

Der *Kransekake* wird übrigens ungewöhnlicherweise immer von unten nach oben gegessen und ringweise abgebrochen.

Der ringförmige Baumkuchen aus Makronenteig steht in Norwegen bei jedem festlichen Anlass auf der Tafel: zur Hochzeit, Taufe, Konfirmation, am Nationalfeiertag und natürlich auch zu Weihnachten, wenn Familie und Freunde zusammen sind. Man kann den *Kransekake* beim Bäcker kaufen, aber es ist gar nicht so kompliziert, ihn selbst zu backen. Man muss nur beachten, dass der Teig über Nacht kühl gestellt werden muss, bevor er ausgerollt wird.

OSLO - GRÜNERLØKKA

MATHALLEN

HIER ZEIGT NORWEGEN GESCHMACK. Die neue Markthalle im Trendviertel *Grünerløkka* hat frischen Wind in Oslos kulinarische Welt gebracht. Hier findet man Käsespezialitäten, regionales Obst und Gemüse, Schinken, Fisch und Meeresfrüchte, Backwaren und Süßes, darunter vieles in Bioqualität. Nach den Naschereien auf dem Weihnachtsmarkt brauchen wir nun etwas Herzhaftes. Solide Fischsuppen oder aber exquisite Königskrabben aus dem Nordmeer serviert die *Vulkanfisk Sjømatbar*; frisch geräucherte Würste aus dem Gudbrandsdal gibt es bei *Annis Pølsemakeri* und den typisch norwegischen Ziegenkäse mit Karamellgeschmack probiert man am besten bei *Ost & Sånt*. Bis in den späten Abend kann man nach einem Platz im *Smelteverket* im Keller der Markthalle Ausschau halten. Dort werden Oslos größte Auswahl an Craft-Bieren, aktuelle Burger-Gerichte und dazu angesagte Musikevents geboten.

Mathallen im Stadtteil Grünerløkka, Vulkan 5, www.mathallenoslo.no/, montags geschlossen, Di–Sa 10–20 Uhr, So 11–18 Uhr

»Sind wir hier wirklich in Oslo?«, fragt man sich, wenn man durch die idyllische Holzhausgasse *Damstredet* im einstigen Arbeiterviertel *Grünerløkka* schlendert. Man würde sie viel eher in einer Kleinstadt vermuten. Unter dem Schnee spürt man noch das Kopfsteinpflaster, und die rot gestrichenen Holzhäuser scheinen größtenteils bewohnt zu sein. Sie wurden als Arbeiterwohnungen im ausgehenden 19. Jahrhundert errichtet, als rund um den Fluss *Akerselva* aufkommende Industriebetriebe neue Arbeitsplätze schufen. Auch der Maler Edvard Munch (1863–1944) lebte in jungen Jahren in *Grünerløkka*, und so lernt man in diesen ältesten Straßenzügen der Stadt auch einiges über die Jugendjahre des berühmten Norwegers. Sein Grab finden wir auf dem nahegelegenen *Vår Frelsers*-Friedhof, unterhalb der schönen alten *Aker*-Kirche, die im 11. Jahrhundert errichtet wurde und wirklich sehenswert ist.

»Es war zu jener Zeit, als ich in Kristiania umherging und hungerte, in dieser seltsamen Stadt, die keiner verlässt, ehe er von ihr gezeichnet worden ist…« – So beginnt der Roman *Hunger*, mit dem sich Munchs Zeitgenosse Knut Hamsun, 1890 in die Weltliteratur einschrieb. Mit großer Intensität beschreibt er darin seine persönliche Erfahrung des Hungers, die er wie viele seiner Mitbürger im Oslo des späten 19. Jahrhunderts machen musste. Welch ein Kontrast zu dem üppigen Angebot der heutigen Gastro-Szene, das die norwegische Hauptstadt inzwischen zu bieten hat. *Grünerløkka* wird bisweilen als »Oslos Prenzlauer Berg« betitelt, weil gemütliche Cafés, trendige Bars und nicht zuletzt die *Mathallen* neue Akzente setzen. Das prominenteste Gesicht unter den Kaffeebrauern ist derzeit der Barista-Weltmeister Tim Wendelboe, der in der *Grüners gate* sein Sterne-Café hat.

Eigentlich sind süße Waffeln mit Marmelade oder dem karamellbraunen Ziegenkäse »geitost« eine typisch norwegische Spezialität. Die hier beschriebene Ökoversion der Vollkornwaffeln mit einem herzhaften Belag ist aber auch ein gutes Beispiel für typische Lunchgerichte, wie man sie heutzutage in Skandinavien liebt.

VAFLER
WAFFELN

Für 6 Waffeln

100 g Butter
180 g Weizenvollkornmehl, fein gemahlen
50 g Weizenmehl
30 g Haferflocken
1 TL Backpulver
½ TL Salz
1 Ei
300 ml Bio-Vollmilch
1 EL Butter für das Waffeleisen

Belag

300 g Crème fraîche
2 EL Preiselbeerkonfitüre
12 Scheiben luftgetrockneten Schinkenspeck
4 EL Schnittlauch, fein gehackt
6 Handvoll gemischte Salatblätter
frische Sprossen, zum Beispiel Alfalfa

Butter in einem Topf schmelzen und bei mittlerer Wärme goldbraun werden lassen.
Die beiden Mehlsorten mit Haferflocken, Backpulver und Salz in einer Schüssel mischen. Das Ei mit der Milch verrühren und zusammen mit der Mehlmischung zu einem glatten, dickflüssigen Teig verrühren.
Ein Waffeleisen erhitzen, etwas Butter auf die Backfläche streichen und Teig für eine Waffel in das Eisen füllen. Goldbraun backen. Danach entnehmen und sofort mit der gebräunten Butter bestreichen, die so in die frisch gebackene Waffel einzieht und ihr einen leichten Karamellgeschmack verleiht. Auf einem Kuchengitter abkühlen lassen.
Mit der restlichen Teigmenge die übrigen Waffeln backen und ebenfalls mit der gebräunten Butter bestreichen.
Für den Belag Crème fraîche mit der Preiselbeerkonfitüre verrühren, auf die Waffeln streichen, mit Salatblättern und dem Schinkenspeck belegen und mit Sprossen und gehacktem Schnittlauch garnieren.

Seit 1892 der erste Skisprung-Wettbewerb am Holmenkollen stattfand, ist Oslos Hausberg zu einem Mekka der Skispringer aus aller Welt geworden. Die hochmoderne Schanzenanlage, die heute über der Stadt thront, ist seit 2011 in Betrieb. Vom 60 Meter hohen Schanzenturm wird die Schanze selbst rechts und links von zwei »Armen« umgeben, die den Sportlern als Windschutz dienen und Platz für die Sprungrichterkabinen sowie eine Zuschauerloge für die königliche Familie bieten. Zweimal gab es hier bereits Olympische Winterspiele. Anfang März findet jährlich das Holmenkollen-Skifestival statt. Für Norweger sonnenklar: Der König bekommt den Logenplatz.

HOLMENKOLLEN

OSLOS HAUSBERG. »Holmenkollen (317 m), mit seiner weiten freien Aussicht auf Stadt und den Fjord, ist der besuchteste Vergnügungspunkt in der Umgebung der norwegischen Hauptstadt, nicht nur im Sommer, sondern auch im Winter, wo der Schneeschuhlauf (›Skiløb‹) hier eifrigst betrieben und im Februar große Wettläufe veranstaltet werden.«

So beliebt wie der alte Baedeker-Reiseführer den Ausflugsberg bereits 1903 beschrieb ist er bis in unsere Zeit geblieben. Deshalb steigen auch wir im Stadtzentrum in die Straßenbahnlinie 1 und fahren gut 20 Minuten hinauf zum Holmenkollen. Oben angekommen, zieht es Langläufer und Familien mit *Pulka* und Schlitten in die Wälder der angrenzenden *Nordmarka*. Wir spazieren von der Endstation zum Ausflugslokal *Frognerseteren* und genießen bei Apfelkuchen und Kaffee einen grandiosen Blick über Stadt und Fjord. Erst bei Einbruch der Dunkelheit nehmen wir Abschied und bestaunen bei der Rückfahrt in die City das abendliche Lichtermeer.

Ausflugslokal am Holmenkollen: Frognerseteren, Holmenkollveien 200, www.frognerseteren.no, täglich ab 11 Uhr geöffnet

EIN KLASSIKER AUS DER NORWEGISCHEN FISCHKÜCHE

FISKE BOLLER
FISCHKLÖSSCHEN

Für 4 Personen

500 g Schellfisch-, Dorsch- oder Hechtfilet
1-2 TL Salz
1 EL Kartoffelmehl
etwas Muskat
ca. 350 ml Milch

Diese Fischklöße sind in Norwegen ein typisches Wintergericht. Mit einer Farce aus frischem Fischfilet werden sie zu einem besonderen Genuss. Dazu gibt es eine Bechamelsauce, Möhrengemüse und Salzkartoffeln. Ein echter Retro-Klassiker.

Den Fisch in kleine Stücke schneiden. Mit dem Salz und dem Kartoffelmehl zweimal durch den Fleischwolf drehen (oder mit einem Pürierstab pürieren). Muskat unterrühren und das Ganze mit eiskalter Milch zu einer Farce verrühren.
Mit einem Esslöffel die Fischklöße formen und diese vorsichtig etwa 10 Minuten in Fischbrühe oder leicht gesalzenem Wasser sieden lassen.
Die fertig gegarten Fischklöße in die Bechamelsauce legen und nach Wunsch mit etwas Curry abschmecken. Dann mit den Salzkartoffeln und dem Möhrengemüse servieren.

JAVÍK

Winterstimmung
über der »Rauchbucht«

DER SONNE ENTGEGEN

Sólfar (»Sonnenfahrt«) hat der isländische Künstler Jón Gunnar Árnason seine Edelstahl-Skulptur betitelt, die an ein Wikingerschiff erinnern soll. Wir beginnen unseren Winterspaziergang durch Reykjavík am nördlichen Stadtrand, denn hier gehen urbanes Stadtleben und extreme Naturphänomene wie nirgendwo sonst Hand in Hand. Ob es viele Sonnenstunden zu dieser Jahreszeit geben wird, ist zweifelhaft; dafür hoffen wir aber auf ein Naturschauspiel von Aurora borealis – dem sagenumwobenen Nordlicht.

TJÖRNIN

ISLÄNDER SCHEINEN DAS SIMPLE ZU LIEBEN. Ihren bekanntesten See, der mitten in der Hauptstadt Reykjavík liegt, nennen sie *Tjörnin*, auf Deutsch: der Teich. Damit weiß jeder, welcher Teich gemeint ist. Dieser hier ist umgeben von zentralen Gebäuden der Stadt, wie der Nationalgalerie, dem Parlamentshaus, der Universität, dem Rathaus und dem Dom, ist aber gleichzeitig auch einer der größten Brutplätze für Wasservögel und somit Vogelschutzgebiet.

Wenn der *Tjörnin* im Winter zugefroren ist – was eine Besonderheit ist –, tummeln sich Jung und Alt mit Schlittschuhen auf dem Eis. Im Sommer ist er Enten, Gänsen und Schwänen vorbehalten.

Von den 348.580 Bewohnern Islands leben 123.246 Einwohner (Stand: Januar 2017) in der Hauptstadt Reykjavík. Die Insel gilt als das am dünnsten besiedelte Land Europas. So erklärt es sich vielleicht, dass Vornamen bei Isländern eine viel wichtigere Rolle spielen als die Nachnamen. Die werden mit dem Vornamen des Vaters gebildet, dem ein »-*son*« oder »-*dottir*« angehängt wird. Ein weltweites Kuriosum stellt das Telefonbuch von Reykjavík dar: Es ist alphabetisch nach Vornamen geordnet.

DOM & ALTSTADTVIERTEL

REYKJAVÍK HISTORISCH. Mit kleinstädtischem Charme empfängt uns die Altstadt Reykjavíks. Sie beschränkt sich auf wenige Straßen zwischen *Tjörnin* und dem *Austurvöllur Park*. Die lutherische *Dómkirkja* ist eines der ältesten Bauwerke. 1796 wurde sie eingeweiht und markiert damit den Beginn der eigentlichen Hauptstadtära. Zehn Jahre zuvor hatte der Ort mit damals 200 Einwohnern erst die Stadtrechte verliehen bekommen. Wer einen Ausflug in die Geschichte Islands machen will, findet am historischen Fundort der ältesten Siedlungsspuren eine spannende Ausstellung. »*The Settlement Exhibition*« zeigt anschaulich das Leben der Wikinger, die sich hier seit 870 angesiedelt haben.

Überall sind Wohnhäuser, Läden und Restaurants weihnachtlich geschmückt und lassen Festtagsstimmung aufkommen. Dank der Geothermalenergie, die man aus den heißen Quellen gewinnt, steht Energie in Reykjavík günstig und umweltfreundlich zur Verfügung.

Dom, Kirkjustræti, www.domkirkjan.is/
Ausstellung »The Settlement Exhibition«: Aðalstræti 16

HEIMS UM BÓL

Selbst auf Island singt man an Weihnachten »Stille Nacht, heilige Nacht«, auch wenn uns der Text so exotisch vorkommt ...

Heims um ból, helg eru jól,
signuð mær son Guðs ól,
frelsun mannanna, frelsisins lind,
frumglæði ljóssins, en gjörvöll mannkind
meinvill í myrkrunum lá .

Heimi í hátíð er ný,
himneskt ljós lýsir ský,
liggur í jötunni lávarður heims,
lifandi brunnur hins andlega seims,
konungur lífs vors og ljóss.

Heyra má himnum í frá
englasöng: Allelújá.
Friður á jörðu því faðirinn er
fús þeim að líkna, sem tilreiðir sér
samastað syninum hjá.

ISLÄNDISCHES LIED:
Melodie: Franz Gruber
Text: Sveinbjörn Egilsson

LAUFA BRAUÐ

SCHNEEFLOCKENBROT

Für 6 Fladen

250 g Mehl
¼ TL Salz
1 Prise Zucker

1 Messerspitze Backpulver
ca. 175 ml Milch
Öl zum Frittieren

Das isländische »Laubbrot« wird wegen seiner schönen Verzierungen, die an Laub oder Schneeflocken erinnern, auch liebevoll »Schneeflockenbrot« genannt. Der einfache Fladenbrotteig wird dabei so dünn wie möglich ausgerollt. Für die kleinen Muster gibt es in Island eigene Messingstanzrollen, die ähnlich wie ein Model in den Teig gedrückt werden. Ein kleines Messer reicht aber auch aus. Man isst das *Laufabrauð* zu geräuchertem Lamm- und Schweinefleisch.

Die trockenen Zutaten in einer Schüssel verrühren. Die Milch in einem Topf erwärmen und zusammen mit der Mehlmischung zu einem glatten Teig verkneten, zu einer Rolle formen und in 6 gleich große Stücke teilen. Diese mit einem feuchten Tuch abdecken, weil der Teig schnell austrocknet.
Nun die Teigstücke einzeln so dünn wie möglich zu runden Fladen von etwa 20 cm Durchmesser ausrollen. Das geht am besten, wenn man einen Dessertteller auflegt und den Teig mit dem Messer ausschneidet. Die Teigfladen mit Laub- und Schneeflockenmuster verzieren und anschließend einzeln in heißem Öl frittieren.
Zum Frittieren das Öl in einer hohen Pfanne oder einem großen Topf erhitzen und die Fladen einzeln ausbacken, bis sie goldbraun sind. Danach auf Küchenpapier legen und mit einem Gegenstand beschweren, damit das *Laufabrauð* sich nicht wellt. Abgekühlt in einer Dose aufbewahren.

HARPA & SCHLITTSCHUHLAUFEN AM INGÓLFSTORG

BUNT UND GLITZERND. So lieben Isländer ihre Hauptstadt! Das moderne harfenförmige Konzerthaus am Meer erhielt eine Glaswabenfassade, die sich im Licht verfärbt, und es in allen Regenbogenfarben schillern lässt. Das 43 Meter hohe Wahrzeichen der Stadt beherbergt die Isländische Oper sowie das Isländische Symphonieorchester, aber auch Musikgruppen wie Sigur Rós spielen hier vor ausverkauftem Haus. Zur Winterzeit ist der Spielplan besonders voll, und ausländische Gäste freuen sich über Aufführungen und Shows in englischer Sprache.

Vom Schlittschuhlaufen unter glitzerndem (Elektro-)Sternenhimmel träumt jedes Kind. Damit Kinderwünsche in Erfüllung gehen, richtet man in Reykjavík immer im Dezember auf dem Platz Ingólfstorg eine Eisbahn ein, bei der man auch Schlittschuhe leihen kann. Der heiße Kakao danach steigert noch die Vorweihnachtsfreude.

Konzerthalle Harpa, Austurbakki 2, www.en.harpa.is/
Ingólfstorg, Aðalstræti, Eisbahn täglich im Dezember

SKYRAMISU

TIRAMISU MIT SKYR & SCHOKOLADE

Für 6 Personen

500 g Vanille-Skyr
250 g Sahne
1 TL Vanillezucker
100 g Löffelbiskuits

ca. 1 Tasse starker Filterkaffee
ungesüßtes Kakaopulver, je nach Geschmack
fein gehackte Schokolade

Auch der isländische Skyr, ein besonders eiweißreicher, cremiger Quark, hat inzwischen seinen festen Platz unter unseren Milchprodukten gefunden. Zwar meinen Puristen, dass *Skyr* mit original isländischen *Skyr*-Kulturen noch eine Spur besser schmecke. Dennoch bekommt unser *Skyramisu* mit dem hier erhältlichen *Skyr* einen ziemlich nordischen Akzent.

Löffelbiskuits nebeneinander in eine Auflaufform oder alternativ in kleine Dessertgläser legen und mit dem Kaffee beträufeln. Die Sahne mit dem Vanillezucker steif schlagen und zusammen mit dem Skyr in einer Schüssel verrühren. Dann die Skyr-Sahne-Mischung über die Löffelbiskuits streichen und mit dem Kakaopulver bestäuben. Zum Schluss mit gehackter Schokolade bestreuen und mindestens 1–2 Stunden im Kühlschrank durchziehen lassen.
Variation: Statt der italienischen Kaffee-Kakao-Mischung kann man das *Skyramisu* auch mit Blaubeeren und entsprechender Fruchtsauce zubereiten.

HALLGRÍMSKIRKJA

NATIONALES HEILIGTUM ISLANDS. Wie ein Geysir ragt der Turm der Hallgrímskirkja in den Abendhimmel. Das ausdrucksstarke Wahrzeichen Reykjavíks wurde bereits in den 1930er-Jahren von Guðjón Samúelsson entworfen und trägt der Zeit entsprechend expressionistische Züge. An Basaltsäulen aus der isländischen Natur sollen die absteigenden Betonstützen zu beiden Seiten des 74,5 Meter hohen Turms erinnern. Die evangelisch-lutherische Kirche wurde 1986 nach über 40-jähriger Bauzeit eingeweiht und nach dem isländischen Kirchenlieddichter Hallgrímur Pétursson benannt. Orgelliebhaber werden mit Staunen die 15 Meter hohe deutsche Klais-Orgel entdecken. Mit etwas Glück kommt man in den Genuss eines der mittäglichen Orgelkonzerte.

Von der Hallgrímskirche aus geht es weiter zur Haupteinkaufsstraße *Laugavegur*. Schicke Boutiquen, schrille Souvenirshops und ein Christmas-Shop liegen dicht beieinander. Für eine Kaffeepause gibt es einige gute Adressen und wer gern isländische Küche probieren möchte, kommt hier ebenfalls auf seine Kosten. Doch Vorsicht: Fisch und Preise sind stark gesalzen …

Hallgrímskirkja, Hallgrímstorg 101, www.en.hallgrimskirkja.is/, im Winter täglich von 9–17 Uhr geöffnet.

LAMBA LÆRI

LAMMKEULE

Für 4 Portionen

800 g Lammkeule ohne Knochen
2 EL zerlassene Butter
2 EL Salz
1 TL zerstoßener schwarzer Pfeffer

400 ml Lammfond
2-3 EL Saucenbinder
2 Zwiebeln, fein gehackt

Rhabarbermarmelade
500 g Rhabarber
500 g Gelierzucker

Den Backofen auf 180 °C vorheizen. Fleisch mit einer Mischung aus Butter, Salz und Pfeffer einreiben. Dann die Lammkeule mit den gehackten Zwiebeln auf einen Ofenrost legen und eine Fettpfanne darunterschieben. Nach 40 Minuten die Hitze auf 100 °C reduzieren. Lammfond und etwas Wasser in die Fettpfanne gießen und die Keule weitere 20 Minuten garen. Anschließend die Fettpfanne herausnehmen und die entstandene Flüssigkeit durch ein Passiertuch abgießen, damit das Fett aufgefangen wird. Mit Saucenbinder andicken und mit Salz und Pfeffer abschmecken. Zum Schluss noch 7 Minuten den Grill zuschalten, damit die Lammkeule eine knusprige Kruste erhält. Aus dem Ofen nehmen und in Scheiben aufschneiden. Lammkeule wird auf Island traditionell mit Rotkohl, karamellisierten Kartoffeln und Rhabarbermarmelade serviert.

Den Rhabarber waschen, schälen und in kleine Stücke schneiden. In einen großen Topf geben, mit dem Gelierzucker verrühren und über Nacht durchziehen lassen. Am nächsten Tag die Masse etwa 1 Stunde kochen lassen, bis sie zu einer dicken Marmelade verkocht ist. Dabei immer wieder gut durchrühren. In sorgfältig gereinigte Schraubgläser füllen und abkühlen lassen. Rhabarbermarmelade isst man in Island zu vielen Fleischgerichten.

Auf Island gibt es mehr Schafe (460.000) als Einwohner (350.000). Kein Wunder, dass die Vierbeiner nicht nur die Wolle für Island-Pullis produzieren, sondern auch wichtigster Fleischlieferant für Würste, Frikadellen, Fleischsuppe und natürlich auch Lammbraten sind.

HEISSE QUELLEN

BLAUE LAGUNE, GEYSIRE & HOT POTS. Heiße Quellen, die ihr Wasser als Fontäne ausstoßen – dieses Naturphänomen ist das Typischste und gleichzeitig auch Außergewöhnlichste, was wir mit der Nordatlantik-Insel verbinden. Für viele Besucher ist daher die Besichtigung eines der 26 aktiven Geysire der wichtigste Punkt ihrer Reise. Beliebt sind auch der Besuch der Blauen Lagune, des bekanntesten Geothermalbads Islands. Es liegt in Nachbarschaft des Flughafens *Keflavík* und ermöglicht so auch bei kurzen Inselaufenthalten einen Badbesuch, vorausgesetzt man hat vorgebucht, denn die Blaue Lagune ist ein Touristenmagnet geworden. Auf der ganzen Insel gibt es eine Vielzahl von kleinen Teichen und Tümpeln, die mit dem heißen Quellwasser gespeist werden. Dort baden Isländer schon seit der Besiedlung im Jahr 870. Heute sind diese ursprünglichen »Hot Pots« oft mit Umkleiden und Sitzgelegenheiten ausgebaut. Auch in Reykjavík kann man selbst im Winter das besondere isländische Badevergnügen ausprobieren.

Blaue Lagune, Nordurljosavegur 9, 240 Grindavík, www.bluelagoon.com/

ZUM ISLÄNDISCHEN ADVENTSKAFFEE

KLEINUR
SCHMALZGEBÄCK

Für 30–35 Stück

300 g Weizenmehl
100 g Zucker
1 TL Backpulver
1 TL Hirschhornsalz
1 TL Kardamom, am besten frisch gemahlen
50 g Butter

175 g Skyr, ersatzweise Magerquark
1 Ei
Sonnenblumenöl zum Frittieren
Zimt-Zucker-Mischung zum Bestreuen

Das traditionelle isländische Adventsgebäck wird in Öl ausgebacken und lauwarm serviert. Im Teig darf der Kardamom nicht fehlen – er ist ein typisch skandinavisches Backgewürz. Nach dem Frittieren wälzt man die *Kleinur* noch in einer Zimt-Zucker-Mischung.

Alle trockenen Zutaten mischen. Butter in kleinen Stücken hinzufügen. Das Ei mit Skyr verrühren, zu der Mehlmischung geben und alles zu einem glatten Teig verkneten.
Den Teig auf einer bemehlten Arbeitsfläche dünn ausrollen und daraus etwa 4 cm lange Rauten ausschneiden. Dabei sind ein Lineal und ein Teigrädchen sehr hilfreich. In jede Raute längs mittig einen 1,5 cm langen Schlitz schneiden.
Nun braucht man geschickte Hände: Eine Rautenspitze wird vorsichtig durch den Schlitz gezogen und dann wieder in Rautenform gebracht (siehe Foto).
Inzwischen das Öl auf 170 Grad erhitzen. Die *Kleinur* portionsweise darin goldbraun ausbacken. Auf Küchenpapier abtropfen und etwas abkühlen lassen. Vorm Servieren mit der Zimt-Zucker-Mischung bestäuben. Kleinur schmecken am besten frisch.

GOLDEN CIRCLE

GULLFOSS-WASSERFALL, GEYSIR UND NATIONALPARK. Zum Abschluss unserer Winterreise machen wir die 300 Kilometer lange Tagestour des »Golden Circle«. Unser erster Stopp ist der Nationalpark Þingvellir. Auf seinem Gebiet liegen die nordamerikanische und die eurasische Kontinentalplatten nur wenige Kilometer auseinander. Außerdem befindet sich hier der historische Versammlungsplatz, an dem zur Wikingerzeit alljährlich die erste Volksversammlung zusammentrat, Gesetze besprach und Gerichtsurteile fällte.

Die isländischen Sagas erzählen davon. Beim *Strokkur*, dem größten isländischen Geysir, ist unser nächster Halt. Schon aus weiter Entfernung sehen wir seine Fontäne, die bis zu 100 Meter hoch schießen kann.

Ein dritter Höhepunkt des Golden Circle ist der »goldene Wasserfall«, *Gullfoss*, der im Winter besonders beeindruckt. Über 30 Meter tief stürzt er in seine Felsschlucht, was bei den winterlichen Temperaturen wie eine Wand aus Eis wirkt.

Touristische Informationen über Reykjavík: www.visitreykjavik.is/

GUT GEGEN FROSTBEULEN

FISK SÚPA
FISCHEINTOPF

Für 4 Portionen

600 g Schellfischfilet
2 Zwiebeln
1 Stange Lauch
2 Möhren
2 Stangen Staudensellerie
½ Spitzkohl
100 g durchwachsener Räucherspeck
2 große Kartoffeln

2 EL Butter
100 ml Weißwein
800 ml Fischfond
1 Lorbeerblatt
200 g Sahne
Cayennepfeffer
1 Bio-Zitrone
Meersalz
Pfeffer
1 Bund Petersilie

Zwiebeln und Lauch in Ringe schneiden. Möhren schälen, in dünne Scheiben hobeln und Staudensellerie in dünne Scheiben schneiden. Spitzkohl von den äußeren Blättern und dem Strunk befreien und in 2 x 2 cm große Stücke schneiden. Speck von Schwarte und Knorpel befreien und würfeln. Kartoffeln waschen, schälen und ebenfalls würfeln.
Zwiebeln und Speck in Butter anschwitzen. Das Gemüse dazugeben und kurz mitschwitzen. Mit Weißwein ablöschen, Fischfond auffüllen, würzen und aufkochen. Das Lorbeerblatt in den Eintopf geben und den Eintopf etwa 15 Minuten bei mittlerer Hitze garen, bis die Kartoffeln weich sind. Sahne hinzufügen und mit Cayennepfeffer, etwas Zitronenabrieb und -saft abschmecken.
Schellfisch in mundgerechte Stücke schneiden und mit Salz und Pfeffer würzen. Fisch für 6 bis 8 Minuten im Eintopf garziehen lassen. Zum Schluss die Petersilie hacken, über den Fischeintopf geben und servieren.

Draußen raue, ungebändigte Natur – drinnen ein wärmender Eintopf mit Schellfisch und Speck! Kein Wunder, dass die Isländer ihn so lieben!

WEIHNACHTS-BRÄUCHE

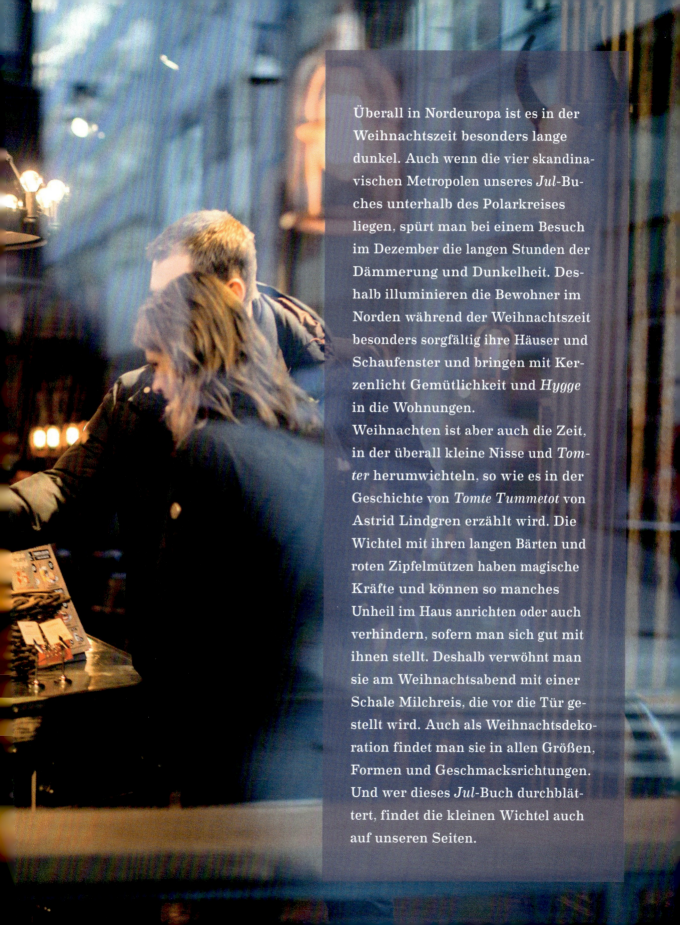

Überall in Nordeuropa ist es in der Weihnachtszeit besonders lange dunkel. Auch wenn die vier skandinavischen Metropolen unseres *Jul*-Buches unterhalb des Polarkreises liegen, spürt man bei einem Besuch im Dezember die langen Stunden der Dämmerung und Dunkelheit. Deshalb illuminieren die Bewohner im Norden während der Weihnachtszeit besonders sorgfältig ihre Häuser und Schaufenster und bringen mit Kerzenlicht Gemütlichkeit und *Hygge* in die Wohnungen.

Weihnachten ist aber auch die Zeit, in der überall kleine Nisse und *Tomter* herumwichteln, so wie es in der Geschichte von *Tomte Tummetot* von Astrid Lindgren erzählt wird. Die Wichtel mit ihren langen Bärten und roten Zipfelmützen haben magische Kräfte und können so manches Unheil im Haus anrichten oder auch verhindern, sofern man sich gut mit ihnen stellt. Deshalb verwöhnt man sie am Weihnachtsabend mit einer Schale Milchreis, die vor die Tür gestellt wird. Auch als Weihnachtsdekoration findet man sie in allen Größen, Formen und Geschmacksrichtungen. Und wer dieses *Jul*-Buch durchblättert, findet die kleinen Wichtel auch auf unseren Seiten.

Die Weihnachtsfesttage feiert man überall in Skandinavien ähnlich. Bereits am 23.12., auf Schwedisch *Lille Julafton,* bereitet man das Fest am nächsten Tag gemeinsam vor. Geschenke werden verpackt und mit einem passenden Reim versehen. Bei den Schweden köchelt der *Julskinka* (Weihnachtsschinken) auf dem Herd, bei Dänen, Norwegern und Isländern bereitet man ebenfalls die Braten und Fleischgerichte vor. Für den weihnachtlichen Durst gibt es kräftiges *Juløl* (Weihnachtsbier), für die Kinder eine Kräuter-Weihnachtslimonade und nach dem großen Essen steht der hochprozentige *Julakvevit* bereit. Am Heiligabend dann gehört die Portion Milchreis zum traditionellen Essen, in Norwegen isst man häufig auch *Rømmegrøt* (Sauerrahmgrütze) zur Mittagszeit, in Dänemark und Schweden nach dem großen Weihnachtsessen zum Nachtisch. Es ist das große Familienfest, bei dem man zusammenkommt, feiert und um den Weihnachtsbaum herumtanzt.

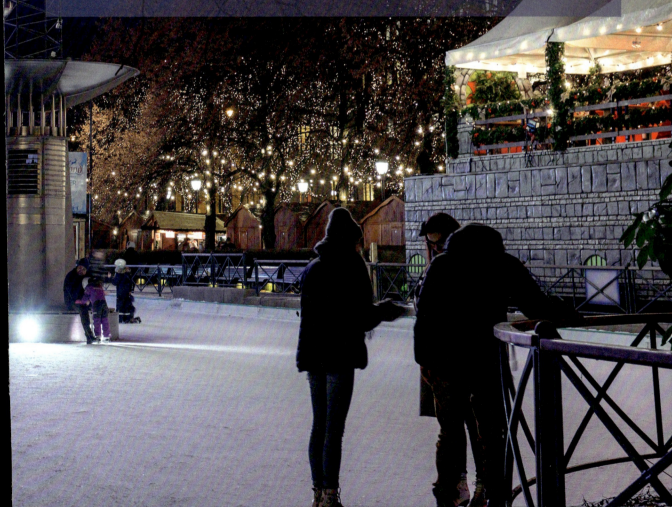

ZUM AUSKLANG

STOCKHOLM

VON *LUCIA* BIS *KNUT* erstreckt sich die weihnachtliche Festzeit in Schweden. Den Auftakt macht das Lucia-Fest am 13. Dezember mit einem großen Lichterumzug. Am 13. Januar beschließt der Heilige Knut endgültig die Weihnachtszeit, und die letzten Christbäume werden entsorgt.

Julafton, der Heiligabend, beginnt bei vielen Schweden mit einem Kuriosum: Man sieht sich zusammen den traditionellen Donald-Duck-Film im Fernsehen an. Nach dem festlichen Essen mit großem *Julskinka* (gepökeltem warmen Schinkenbraten) und Kartoffel-Heringssalat tanzt die ganze Familie um den Weihnachtsbaum und singt Lieder, die uns eher an Karneval denken lassen. Anschließend bringt der *Jultomte* die Weihnachtsgeschenke oder wirft sie durch die Tür ins Zimmer *(Julklapp)*. Für viele Familien gibt es am späteren Abend dann den feierlichen Weihnachtsgottesdienst in der Kirche.

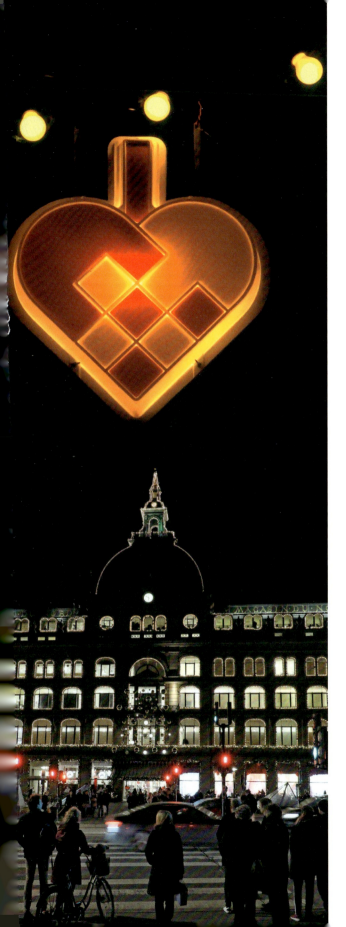

ZUM AUSKLANG

KOPENHAGEN

IN DÄNEMARK findet man in der Adventszeit sogenannte Kalenderkerzen, auf denen die Ziffern 1 bis 24 markiert sind. Jeden Tag brennt man sie um eine Ziffer ab. Typisch dänisch sind auch die geflochtenen *Julehjerter*, Papierherzen mit geflochtenen Streifen, die gern in den Nationalfarben rot-weiß gehalten sind und mit kleinen Süßigkeiten gefüllt am Weihnachtsbaum hängen. An Heiligabend bringt der *Julemand* (Weihnachtsmann) die Weihnachtsgeschenke. Er kommt der Legende nach aus Grönland, das fast 200 Jahre lang dänische Kolonie war und somit als nördlichster Zipfel Dänemarks galt.

ZUM AUSKLANG

OSLO

IN NORWEGEN sind die Restaurants in der Vorweihnachtszeit meist ausgebucht. Denn alle wollen mindestens ein *Julebord* mit Freunden oder Geschäftskollegen genießen: Das üppige Weihnachsbüfett umfasst traditionellen Speisen wie *Spekemat* (Schinken von Lamm und Schwein) mit Kartoffelsalat, überbackene Schweinerippen mit Steckrübengratin, *Lutefisk* (gelaugter Dorsch) mit Erbsenpüree sowie Heringsmarinaden, Bratenaufschnitt, Käse und Desserts mit arktischen Beeren wie zum Beispiel den orangegelben Moltebeeren. Zum Abschluss dieser kalorienreichen Schlemmereien wird gern ein nordischer Aquavit oder ein *Kaffee avec* gereicht, wobei das »avec« ebenfalls hochprozentig ist.

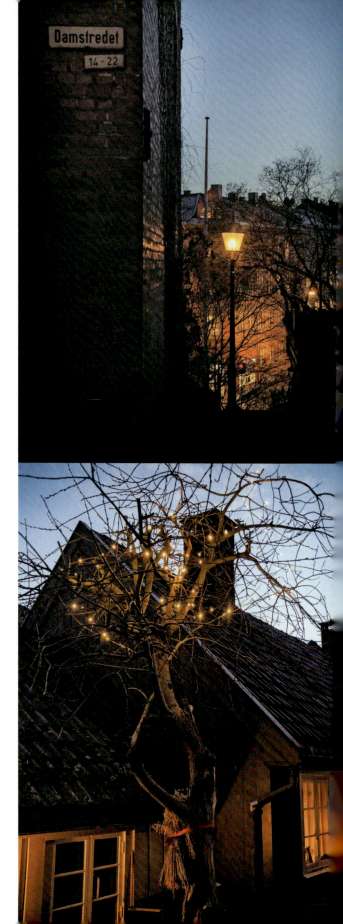

ZUM AUSKLANG

REYKJAVÍK

ISLANDS ARCHAISCHES BRAUCHTUM. Wild und rau treibt es eine ganze Schar von Weihnachtsmännern, die eigentlich jedem Kind das Fürchten lernen müssten: Die 13 *Jólasveinar* sind freche Trolle, die das Jahr über draußen in den Bergen bei ihrer Mutter, der Hexe Gryla, leben. Vor Weihnachten kommen sie dann in die Stadt und treiben ihr Unwesen, jeden Tag kommt ein neuer. Sie heißen »Türenknaller«, »Fensterkieker«, »Milchaussauger«, und am 23. Dezember kommt *Ketkrókur* und angelt sich das geräucherte Lammfleisch, das der Festtagsbraten sein sollte. Nur mit Gemüse kann man ihn jagen! Bis heute finden Isländer auch einen guten Grund zum ausgiebigen Shoppen im Advent: Wer an Weihnachten keine neuen Kleider trägt, den frisst die Weihnachtskatze *Jólakötturinn!*

ZUM AUSKLANG

REGISTER

GEBÄCK & BROT

LUSSEKATTER – SCHWEDISCHE LUCIA-KÄTZCHEN 20
PEPPARKAKOR – SCHWEDISCHE PFEFFERKUCHEN 22
SPELTBRÖD – DINKELBROT MIT CRANBERRYS & NÜSSEN 42
ÆBLESKIVER – DÄNISCHE APFELBÄLLCHEN 60
SIRUPSNIPPER – NORWEGISCHE SIRUPZIPFEL 108
KRANSKEKAKE – NORWEGISCHER KRANZKUCHEN 116
VAFLER – WAFFELN 122
LAUFABRAUÐ – ISLÄNDISCHES SCHNEEFLOCKENBROT 141
KLEINUR – ISLÄNDISCHES SCHMALZGEBÄCK 157

SÜSSES, DESSERTS & DRINKS

CHOKLADBOLLAR – SCHOKOKUGELN 49
GLÖGG – GLÜHWEIN IM NORDEN 26
RISENGRØD – MILCHREIS 76
SKYRAMISU – TIRAMISU MIT SKYR & SCHOKOLADE 146

FISCH

GRAVED LAKS – GEBEIZTER LACHS 98
FISKEBOLLER – NORWEGISCHE FISCHKLÖSSCHEN 128
FISKSÚPA – ISLÄNDISCHER FISCHEINTOPF 161

FLEISCH & WURST

KÖTTBULLAR – SCHWEDISCHE HACKFLEISCHBÄLLCHEN 32
SMØRREBRØD – DÄNISCHES SANDWICH 66
PØLSER – DÄNISCHER HOTDOG 88
LAMBALÆRI – ISLÄNDISCHE LAMMKEULE 152

ZUM AUSKLANG

DANK

Ein großes Dankeschön an alle Menschen und Institutionen, die dieses Buch mit ihren Bildern, Rezepten und Inspirationen gefüllt und ihm dadurch skandinavisches Leben eingehaucht haben:

Inspired by Iceland, www.inspiredbyiceland.com
Image Bank Sweden, imagebank.sweden.se
Visit Denmark, www.visitdenmark.de
Visit Oslo, www.visitoslo.com/de

Stefanie Albrecht, thenorthtraveller.de
ARCTIC IMAGES/Ragnar Th Sigurdsson
Adam Biernat
Martina Buck von Deutsche See GmbH, www.deutschesee.de
Ines Erlacher und Thomas Mussbacher, gindeslebens.com
Hans-Martin Goede und Jacqueline Goede, www.europe-pics.com
Udo Haafke, www.die-fotos.de
Stefan Haendle
Elke Johna
Britta Meyer, www.myhappyplaces.de
Mohri Films, www.mohrifilms.com
Amy Nash, houseofnasheats.com
Nanna Rögnvaldardóttir
Lena Schallberger, reis-aus.com
Stefanie Stein, www.stefaniestein.de
TINE, www.tine.no
Lene Tranberg, bagvrk.dk

ZUM AUSKLANG

TEAM

MARIE-LUISE SCHWARZ Seit sie ihren ersten nordischen Winter an der schwedischen Universität Uppsala verbringen durfte, ist Marie-Luise Schwarz zu allen Jahreszeiten von der Natur und der Kultur Skandinaviens fasziniert. Die langjährige Chefredakteurin des Skandinavien-Magazins »Nordis« ist heute als freie Redakteurin und Übersetzerin für skandinavische und deutschsprachige Verlage tätig.

STEPHAN THOMAS hat ursprünglich Theaterwissenschaft, Sozialpsychologie und Philosophie studiert und arbeitet nun unter anderem als Autor und freier Lektor. Ostern und Silvester hält er als Feiertage für maßlos überschätzt, Weihnachten feiert er dafür jedoch umso lieber.

DIANA DÖRFL ist studierte Kommunikationsdesignerin und leidenschaftliche Buchgestalterin. Nach verschiedenen Stationen als Designerin und Art-Directorin in internationalen Werbeagenturen ist sie nun ihrer Wahlheimat Konstanz als selbstständige Grafikerin für verschiedene Verlage tätig. Ihren Feierabend verbringt sie gerne in und am Bodensee.

IMPRESSUM

IDEE UND KONZEPT: Victoria Salley
TEXT UND REZEPTE: Marie-Luise Schwarz, außer Deutsche See Fischmanufaktur (S. 160)
COVERGESTALTUNG UND SATZ: Diana Dörfl, dörfl-Multivitamine, Konstanz
LEKTORAT: Stephan Thomas, München
PRODUKTMANAGEMENT: Christine Rauch
Bildredaktion: Maximiliane Kern
DRUCK UND BINDUNG: Neografia, Slowakei

BILDNACHWEIS:
COVER: Ana Gram/Fotolia
STOCKHOLM: Stefanie Stein | www.stefaniestein.de (S. 4, 6/7, 10–14, 25 oben links und rechts, 28–30, 33–42, 44, 45, 46 oben rechts und unten, 47, 164/165, 172/173); Tuukka Ervasti/imagebank.sweden.se (S. 16/17, 46 oben links, 168 unten); Helena Wahlman/imagebank.sweden.se (S. 18 oben); Cecilia Larsson Lantz/imagebank.sweden.se (S. 18 unten, 19, 168 oben); Visit Sweden (S. 20); Miriam Preis/imagebank.sweden.se (S. 23); Ola Ericson/imagebank.sweden.se (S. 24); Ulf Lundin/imagebank.sweden.se (S. 25 unten); Lene Tranberg|bagvrk.dk (S. 26); nelea33/Shutterstock (S. 49)
KOPENHAGEN: Kim Wyon/VisitDenmark (S. 50/51, 55, 57, 62/63, 78); Udo Haafke | www.die-fotos.de (S. 52/53, 56 oben, 58, 68, 70/71, 73–75, 83–85, 88, 162/163, 169); Stefan Haendle (S. 56 unten, 59); Brent Hofacker | Fotolia (S. 60); Robin Skjoldborg/Visit Denmark (S. 64 oben); Britta Meyer | www.my-happyplaces.de (S. 64 unten links und rechts, 67, 86 unten); Nanna Rögnvaldardóttir (S. 77, 156); Ines Erlacher und Thomas Mussbacher | gindeslebens.com (S. 80/81); Visit Denmark (S. 86 oben)
OSLO: Stefanie Albrecht | thenorthtraveller.de (S. 2/3, 90–93, 94 oben links, 97, 102/103, 106, 107 unten rechts, 114 unten, 115, 118 oben rechts und unten links, 170 oben); Visit Oslo (S. 8/9); Didrick Stenersen/Visit Oslo (S. 94 unten, 101 oben, 118 oben links und unten rechts, 166/167, 174/175); Elke Johna (S. 94 oben rechts, 96, 107 oben und unten links, 110/111, 113, 114 oben, 124–127, 170 unten); Mohri Films|www.mohri-films.com (S. 101 unten); Tord Baklund/Visit Oslo (S. 104, 120/121); TINE (S. 98, 108, 117, 122, 128)
REYKJAVIK: Hans-Martin Goede und Jacqueline Goede | www.europepics.com (S. 130–133, 136, 138/139, 146, 148 unten, 149 oben, 152, 155 oben, 158, 171); ARCTIC IMAGES/Ragnar Th Sigurdsson (S. 135, 143, 153, 155 unten); Adam Biernat (S. 142); kuvona/Shutterstock (S. 144); Lena Schallberger|reis-aus.com (S. 148 oben, 149 unten, 151); Deutsche See GmbH | www.deutschesee.de/island-rezepte (S. 161)

Die Illustrationen im Buch basieren auf den Original-Illustrationen von Carl Røgind (1871–1933).

© Lifestyle BusseSeewald
in der frechverlag GmbH, Turbinenstraße 7, 70499 Stuttgart, 2018

Angaben und Hinweise in diesem Buch wurden von der Autorin und den Mitarbeitern des Verlags sorgfältig geprüft. Eine Garantie wird jedoch nicht übernommen. Autorin und Verlag können für eventuell auftretende Fehler oder Schäden nicht haftbar gemacht werden. Das Werk ist urheberrechtlich geschützt. Die Vervielfältigung und Verbreitung ist, außer für private, nicht kommerzielle Zwecke, untersagt und wird zivil- und strafrechtlich verfolgt. Dies gilt insbesondere für eine Verbreitung des Werkes durch Fotokopien, Film, Funk und Fernsehen, elektronische Medien und Internet sowie für eine gewerbliche Nutzung.

1. Auflage 2018

ISBN 978-3-7724-7482-8 • Best.-Nr. 7482